Collection
PROFIL FORMATION
dirigée par Georges Décote

Série
**EXPRESSION ÉCRITE
ET ORALE**

Trouvez
le mot juste

ANDRÉ ROUGERIE

HATIER

Sommaire

Index

Cet index correspond aux deux premières parties de l'ouvrage (p. 7 à 35). Le chapitre 3 est consacré au jeu des synonymes et des contraires. Rappelons que toutes les solutions aux questions posées se trouvent au chapitre 4 (p. 68-80).

But de l'ouvrage

Dans cette brochure destinée à la Formation permanente et à tout lecteur soucieux d'améliorer ses moyens d'expression, nous tentons, après une indispensable mise en garde contre des confusions grossières entre homonymes ou paronymes [1], de faire prendre conscience du mot juste dans la langue écrite [2]. Il nous a bien fallu nous prononcer dans l'épineux problème du « bon usage » contemporain. Nul, certes, ne conteste la nécessité d'une évolution, mais tels vocables suscitent souvent des controverses. S'il nous a paru inopportun d'accepter certains glissements de sens, nous avons adopté par ailleurs une attitude libérale, et engagé à la recherche d'équivalents pour les termes dont on répugnerait à user : chacun n'est-il pas, dans une certaine mesure, l'artisan de sa propre langue? Une large place a été consacrée au remplacement des verbes « passe-partout » : *il y a, se trouver, avoir, être*... et aux synonymes et contraires, dont on verra le fructueux parti qu'on peut tirer.

La plupart des vocables à trouver sont connus du lecteur ou, plus précisément, reconnus; mais ils restent souvent passifs dans l'esprit. Leur mise en œuvre les rendra à la disponibilité. C'est dire que nos travaux pratiques seront d'autant plus efficaces que l'effort de recherche aura été plus soutenu avant le report au corrigé.

Nous conseillons aux lecteurs les moins avertis d'observer l'ordre du livre, mais l'essentiel est, après une étude d'ensemble, de revenir fréquemment sur les cas où l'on aura rencontré quelque difficulté.

---

1. Voir p. 7.
2. Hormis les mots « populaires », exclus de ce livre, tout vocable appartient, en principe, à l'un des niveaux de langue suivants : familier, courant, tenu, littéraire. La langue dite écrite n'exclut guère que le niveau très familier.

1 | Ne confondez pas...

Ne confondez pas les *homonymes*, mots de son identique ou voisin, mais qui n'ont pas le même sens et s'écrivent différemment.
De même distinguez les *paronymes*, mots de forme proche.

HOMONYMES
corrigé p. 68

Employez le mot qui convient.

1.   **Acquis** est le participe passé d'*acquérir* et peut s'employer comme nom : *Les biens acquis. Il possédait un certain acquis.*
     Acquit est le nom correspondant à *acquitter* (libérer d'une obligation, d'une dette, etc.; payer ce qu'on doit).

- Il a ... une propriété.
- Veuillez signer sous la mention : pour ...
- Ses études furent troublées, mais son ... restait solide.
- J'ai rempli ces formalités par ... de conscience
- Le texte insiste sur les ... de la révolution culturelle.

2.   **Buter** (contre) - Heurter : *Buter contre un meuble.*
     Fig. **Se buter** - S'obstiner : *Un esprit buté.*
     Butter. Accumuler de la terre autour du pied d'un légume, d'un arbre : *Butter des pommes de terre.*

- Le cheval avait ... contre une racine.
- On avait ... l'arbuste.
- ..., il refusait de répondre.

3. **Cahot** - Secousse provoquée à un véhicule par les inéga-
lités du chemin : *Les cahots de la voiture.* Fig. *Les cahots
d'une existence.*
Chaos - Grand désordre : *Un chaos de rochers. Un
chaos d'idées.*

- Les ... de l'ambulance faisaient gémir le blessé.
- Les sinistrés essayaient de retrouver quelques objets dans ce
... de pierres et de poutres.
- Le ... régnait dans ses affaires.
- Les ... d'une carrière politique.
- Il était difficile d'être convaincu par ce ... d'arguments.

4. **Censé** - Supposé : *Il était censé ne pas m'avoir vu.*
Sensé - Qui a du bon sens.

- Nul n'est ... ignorer la loi.
- En homme ... il commença par peser ses chances.
- Je ne suis pas ... te connaître.
- Il était ... diriger les opérations.

5. **Cession** - Le fait de céder : *Une cession de biens.*
Session - Période durant laquelle siège une assemblée,
un tribunal, où a lieu un examen : *La première session
de la Chambre. La nouvelle session des concours.*

- L'affaire sera jugée à la prochaine ... de la cour d'assises.
- Il avait fait ... de tous ses biens aux créanciers de son père.

6. **Détoner** - Exploser avec bruit.
Détonner - 1. Sortir du ton : *Sa voix grave détonnait
parmi celles des enfants.* - 2. Ne pas être en harmonie
avec l'ensemble : *Ce fauteuil neuf détonnait dans ce
salon désuet.*

- Son costume élégant... *(imparfait)* parmi ces paysans endi-
manchés.
- Cette écharpe d'un vert cru ... *(présent)* dans sa toilette.
- Ces mots d'une vulgarité calculée n'en ... *(futur)* pas moins
dans l'ouvrage.
- Faire ... un mélange gazeux.

7. **Fond** - Fig. Partie la plus secrète; l'essentiel : *Il ne livre
pas le fond de sa pensée.*
Fonds - Capital exploitable, richesse de base (terres,
argent, maison de commerce...) : *Un fonds de commerce.*
Fig. *Un grand fonds d'honnêteté.*

- Nous irons au ... des choses.
- Le libraire avait revendu son ...
- Il jouissait d'un robuste ... de santé.
- Abordons maintenant le ... de l'affaire.
- Des mots étrangers sont venus enrichir le ... de la langue.
- Manger son ... avec son revenu.
- Il voulait accroître son ... de terre.

Pour mémoire :

Pour mieux connaître vous-même vos « points faibles »,
*soulignez toute l'expression ou la phrase comportant le mot
en italiques que vous risquez de confondre avec son homo-
nyme :*
De *but* [1] en blanc. Être en *butte* aux railleries. - A *cor* et à cri [2].
- *Délacer* ses souliers. Se *délasser* l'esprit. - Ils avaient conçu
le *dessein* de restaurer le château. - Le *différend* est réglé. -
Des considérations *éthiques* [3]. Un cheval *étique* [4]. - *Exaucer*
un vœu. *Exhausser* un mur. - En son *for* [5] intérieur. - Agir à
son *gré*. Un pot de *grès*. - Un (e) enfant *martyr* (e). Le *martyre*
de l'enfant. - Faire *partie*. Prendre à *partie* [6]. Prendre *parti*.
Tirer *parti*. - Faire une *pause*. Prendre une *pose*. - De *plain*-
pied. Le *plain*-chant. Terre-*plein*. - Je suis *prêt* à partir.
Près de partir. - *Quant* à l'outil, il était hors d'usage. - *Rôder*
dans les rues. *Roder* une auto. - Un *satyre*. Une *satire*. -
En *tant* que maire il avait droit au fauteuil. - Un *tribut*. Une
tribu. - C'est sans enthousiasme, *voire* [7] sans conviction qu'il
a abordé cette entreprise.

1. *But* et *butte* sont ici le même mot sous deux genres différents et
désignent au sens propre une levée de terre, soit celle où se trouve le
tireur pour viser la cible (blanc), soit celle qui porte la cible (seconde
expression). - 2. Emploi figuré de l'expression relative à la chasse.
- 3. Relatives à la morale. - 4. D'une maigreur extrême. - 5. Tribunal (latin : *forum*). - 6. Adversaire en terme de droit. - 7. Et même.

REMARQUE : On peut écrire : *Il avait affaire à (avec) son
architecte* ou *Il avait à faire ...*

Employez le mot qui convient.

1. **Amener** (personne) - Mener avec soi : *J'ai amené mon fils à l'école.*

   Emmener - souligne à la fois l'idée d'accompagnement et celle de lieu quitté : *Ils emmenaient femmes et enfants en captivité.*

   Dans une des phrases suivantes, les deux mots conviennent avec une nuance de sens :
   - Il abandonna la réunion ... *(participe présent)* tous ses partisans.
   - Il ... *(passé simple)* tous ses partisans à la réunion.

2. **Anoblir** (terme de droit) - Accorder un titre de noblesse : *Louis XIV anoblit Colbert.*

   Ennoblir - Donner de la noblesse morale ou de la noblesse d'aspect : *C'est le cœur qui ennoblit. Le lierre ennoblissait ces ruines.*

   - Cette probité, ce désintéressement ... *(imparfait)* son caractère.
   - Au XVIIᵉ siècle, les bourgeois achetaient des charges pour s'...
   - Un nez aquilin ... *(imparfait)* ce visage ingrat.

3. **Aquatique** - Qui pousse ou vit dans l'eau ou au bord de l'eau : *Une plante aquatique.*

   Aquifère - Qui contient de l'eau dans sa structure géologique : *Une couche aquifère.*

   - Les nappes ... d'Afrique occidentale sont bien connues.
   - Des oiseaux ... nichaient dans le marécage.

4. **Colorer** - Revêtir de couleur(s) : *Les pommes commencent à se colorer.*

   Colorier (terme de peinture) - Revêtir de plusieurs couleurs selon certaines règles ou dans une intention esthétique : *Colorier une carte.*

   - Le soleil ... *(imparfait)* les nuages de teintes roses.
   - L'enfant ... *(imparfait)* avec application toutes les figurines.

   - *Quel est le nom dérivé de* colorer ?
   - *De* colorier ?

5. **Compréhensible** - Qu'on peut comprendre : *Un langage compréhensible.*

   Compréhensif - Qui comprend les autres : *Un chef compréhensif.*

- L'entourage familial se révélait moins ... qu'on ne l'avait espéré.
- Sa désillusion était ...
- Le gouvernement fut plutôt ... à l'égard de ces protestataires.
- Le texte lui apparut parfaitement ...
- L'accueil est direct et ...

6. **Conjecture** - Supposition impliquant un faible degré de croyance : *Nous en étions réduits aux conjectures.*

   Conjoncture - Rencontre de circonstances : *La conjoncture actuelle ne permet pas au gouvernement d'engager de nouvelles dépenses. Que faire dans une telle conjoncture?* Ce nom est surtout en faveur dans la langue économique.

- Dans la ... présente, une économie fondée sur l'exportation est très fragile.
- Nous nous perdions en ... sur les causes de ce retard.
- Attirées par les bas salaires, de nombreuses entreprises se sont installées là, mais elles peuvent disparaître au gré de la ...
- Fondant sa ... sur la présence de mousses, il croyait à l'existence d'une source.
- Nous nous livrions à mille ... sur l'événement.
- Sa ... se révèle fondée.

7. **Décade** - Période de dix jours.

   Décennie - Période de dix années.

- Depuis des ... l'Asie occupe le devant de la scène internationale.
- La première ... du mois d'août fut pluvieuse.
- La reconstitution naturelle des forêts est très lente, elle prend des ... ou même des siècles.

8. **Démystifier** - Détromper la victime d'une mystification. Une mystification est le fait d'abuser de la crédulité de quelqu'un pour se moquer de lui : *Quand nous l'avons démystifié, il était furieux.*

   Démythifier - Ôter à une chose, une idée, un fait, un personnage, sa valeur trompeuse de mythe. Un mythe est un agrandissement par l'imagination : *Il avait entrepris de démythifier les gens célèbres.*

- Il n'était pas aisé de ... l'or en tant qu'étalon.
- Cet historien avait décidé de ... le personnage de Napoléon.
- Il est temps de ... ces pauvres naïfs.
- ... des événements historiques est une tâche épineuse.

9. **Évoquer** - 1. Faire revivre le passé à la mémoire : *Évoquer son enfance.* - 2. Faire apparaître à l'esprit : *Évoquer les difficultés de l'entreprise.*

    Invoquer - 1. Implorer l'aide d'une puissance supérieure : *Invoquer les dieux.* - 2. Donner comme justification : *Invoquer une panne pour expliquer un retard.*

- L'agriculture stagnait : la raison officiellement ... était la sécheresse.
- Nous ... *(imparfait)* les belles journées passées à la montagne l'été dernier.
- Pour justifier ce refus de paiement, la société a ... des vices de construction.
- Si le projet d'une enquête fiscale approfondie a été ..., il ne semble pas qu'il constitue une préoccupation majeure du ministre.
- Dans cette revue, tous les grands problèmes de notre temps sont ...

10. **Funèbre, funéraire.** Ces deux adjectifs évoquent l'idée de mort. Ils ne s'associent qu'à un petit nombre de noms entre lesquels l'usage les différencie.
    Toutefois, *funèbre* peut être pris au figuré et son aire d'emploi est alors étendue : *Les murs funèbres de cette bâtisse.*

- *Indiquez 6 noms pouvant s'associer à* funèbre *au sens propre.*
- *Indiquez 6 noms pouvant s'associer à* funéraire.

11. **Gradation** - Progression ascendante ou descendante : *Une gradation de mots.*

    Graduation - Division en degrés.

- La route montait par une ... insensible.
- Observez cette ... des difficultés.
- Le tableau séduisait par une ... délicate des teintes.
- La ... d'un thermomètre.

- *Quel est le verbe correspondant aux deux noms ?*

12. **Inclinaison** - État de ce qui penche : *L'inclinaison du terrain.*

Inclination - Action de pencher en signe d'acquiescement, de courtoisie. *Il salua d'une inclination du buste.* Fig. Goût, penchant : *Avoir de l'inclination à suspecter ses voisins.*

- L'... de la Tour de Pise s'accentue dangereusement.
- Il était affligé d'une légère ... de la tête.
- Elle nous approuva d'une légère ... de tête.
- La fillette manifestait pour la danse une vive ...
- L'... du toit rendait périlleuse la promenade.

13. **Infecter** - 1. Contaminer : *La plaie s'est infectée.* - 2. Remplir d'émanations malodorantes et dangereuses : *Les gaz d'échappement du camion infectaient la rue.*

Infester - Envahir par des êtres nuisibles : *Un grenier infesté de souris.*

- Des brigands ... *(imparfait)* encore cette forêt au début du siècle dernier.
- Les cadavres restés sur place ... *(imparfait)* l'air.
- La mer était ... de requins et la côte de moustiques.
- L'usine ... *(imparfait)* toute la vallée.

14. **Judiciaire** - Qui concerne la justice, les tribunaux : *Le casier judiciaire.*

Juridique - Qui concerne le droit : *Un texte juridique.*

- Le dossier fut transmis à la police ...
- Il se consacrait aux études ...
- L'enquête ... fut rapidement menée.
- Il avait reçu une solide formation ...
- L'affaire entraîna des poursuites ...

15. **Largeur** - Ouverture d'esprit : *Faites preuve de plus de largeur d'idées.*

Largesse - Qualité de celui qui fait des dons généreux : *Sa largesse était connue de tous ces peintres faméliques.* Pluriel : dons généreux.

- Il fallait aborder la question avec une certaine ... de vues.
- Ses héritiers trouvaient ses ... excessives.
- Il distribuait les fonds publics avec ...
- Sa ... d'esprit ne désarmait pas les critiques.

16. **Notable** et **notoire** ont donné lieu au cours de l'évolution de la langue à un chassé-croisé de sens et d'emplois.

Notable - Digne d'être noté, signalé : *Une différence notable*. S'emploie surtout de nos jours pour les choses. Pour les personnes, on dit plutôt « important ».

Notoire s'emploie pour les choses et pour les personnes. 1. (Choses). Connu ou reconnu de tous : *Une vérité notoire*. - 2. (Personnes). Dont la qualité ou le défaut explicité par le nom est connu de tous : *Un philanthrope notoire. Un ivrogne notoire*.

- Pas d'incidents ... au cours de la séance.
- Il était victime d'une injustice ...
- On observera demain une ... élévation de température.
- Il est d'une avarice...
- C'était un mécène ..., la providence de nombre d'artistes.
- Bien qu'il fût un escroc ..., personne n'osait porter plainte contre lui.
- Je ne vois pas d'objection ... à sa candidature.

17. **Oppresser** - Gêner la respiration : *Cette atmosphère lourde l'oppressait*. Fig. Accabler : *Ces souvenirs m'oppressent*.

Opprimer - Accabler sous une autorité tyrannique : *Opprimer le peuple, les consciences*.

- Nul d'entre eux ne voulait se laisser ...
- L'angoisse l'... *(imparfait)*.
- Il était le soutien de tous ceux qu'on ...
- Dans la galerie obstruée, l'air confiné ... *(imparfait)* les mineurs.
- Les classes les plus pauvres étaient les plus ...

- *Quel est le nom d'action qui correspond aux deux verbes ?*
- *Quel est l'adjectif qui correspond à* oppresser ? Une chaleur ... Des souvenirs ...
- *A* opprimer ? Des mesures ...

18. **Personnaliser** - Donner un caractère personnel et original à une chose : *Personnaliser sa voiture*.

Personnifier - 1. Prêter les sentiments, les pensées, les actes, le langage d'une personne à une chose : *Personnifier la mer*. - 2. Offrir en sa personne l'image d'une qualité, d'un défaut : *Harpagon personnifie l'avarice. Son père était l'avarice personnifiée*.

- Pour ... son appartement, elle avait prodigué coussins et tentures.
- Nombreux sont les poètes qui ont ... les saisons.
- Cet artisan ... *(présent)* l'honnêteté.

19. **Pétrolier** - Qui a rapport au pétrole : *L'industrie pétrolière.*

Pétrolifère - Qui renferme du pétrole dans sa structure géologique : *Une région pétrolifère.*

- Une compagnie ...
- Des produits ...
- Des prospections ...
- Un gisement ...
- Un champ ...

20. **Plier** (transitif) - 1. *Plier du linge. Plier bagage.* 2. Fléchir, courber : *Plier les genoux.* Fig. *Il faudra te plier à leurs habitudes.*

(Intransitif) - Devenir courbe : *La passerelle pliait sous le poids des soldats.* Fig. *Plier sous les responsabilités.*

Ployer au sens transitif 2 et intransitif s'emploie pour *plier* dans la langue écrite tenue. Dans certaines des phrases suivantes les deux verbes peuvent donc convenir.

- Il n'en finissait pas de ... sa serviette.
- Les branches ... *(présent)* sous le poids des fruits.
- Sous cette autorité tyrannique, il dut ...
- Ils durent rapidement ... bagage.
- Les deux vieux marchaient avec peine, ... les genoux.

21. **Prémices** (langue littéraire) - Premiers produits de la terre : *Les prémices de la vendange.* Figuré : *Les prémices de la beauté, du talent.*

Prémisses (langue tenue) - Affirmation d'où l'on tire des conclusions.

- C'étaient là les ... d'une amitié qui devait durer toute une vie.
- Je vois mal le rapport entre vos ... et vos conclusions.

22. **Prolongation** - Se dit de la durée : *La prolongation d'un congé.*

Prolongement - Se dit de l'espace : *Le prolongement d'une ligne d'autobus.* Pluriel (fig.) : suites, développements : *Les prolongements de l'affaire.*

Transformez ainsi : Une soirée prolongée - La prolongation d'une soirée.

- Des fatigues prolongées.
- Un débat prolongé.
- Une autoroute prolongée.
- Une existence prolongée.

23. **Rien moins que.** Pas du tout, nullement.

   Rien de moins que. Tout à fait, bel et bien.
   Attention à *de* qui donne à la locution un sens *positif*.

- A la tribune, il cherchait ses mots : ce n'était ... qu'un orateur.
- Il avait dans sa jeunesse exercé mille métiers et n'était ... qu'un aventurier.
- Il aimait parler et pourtant n'était ... qu'éloquent.
- On a beau le traiter avec égards, il n'est ... qu'insolent.

24. **Suggestion** - Action de suggérer ou son résultat : *Retenir une suggestion.*

   Sujétion - État de la personne soumise à la domination d'une autre ou à des obligations astreignantes.

- Cette nécessité de respecter l'horaire devenait une véritable ...
- Ce n'était là qu'une simple ...
- Il était retombé sous la ... de ce redoutable individu.
- J'ai retenu un certain nombre de ... des lecteurs.
- J'étais tenu dans une ... insupportable.

25. **Stupéfait, stupéfié.** Ces deux mots ont le même sens et le verbe qui leur correspond est *stupéfier*. Ils peuvent souvent s'employer l'un pour l'autre mais *stupéfait*, adjectif qualificatif, ne peut être ni précédé d'*avoir* ni suivi de *par* qui introduirait nettement un complément d'agent.

- Cette nouvelle nous a ...
- Il demeurait ... devant tant d'audace.
- Je fus ... de son attitude.
- Je fus ... par son attitude.
- ..., il mesurait l'étendue du désastre.
- On l'aurait ... en lui reprochant cette initiative.

Pour mémoire :

Pour mieux connaître vous-même vos « points faibles », *soulignez toute l'expression ou la phrase comportant le mot en italiques que vous risquez de confondre avec son paronyme.*

Ce terme était pris dans son *acception* [1] favorable. - Il m'a *agoni* [2] de cruelles injures. - Agir, voyager *de concert* [3]. - *Décocher* [4] un coup de poing (une plaisanterie). - Cet aliment est très *digestible* [5]. - Un colis, une lettre *exprès* [6]. - Un colis *express* [7]. - Je lui ai *inculqué* [8] quelques notions d'archéologie. - Une rue *passante* [9]. - Il m'a *rebattu* [10] les oreilles de ses mérites. - Il a *recouvré* [11] la santé (la vue, son argent). - Un appartement *somptueux* [12].

1. Et non *acceptation*. - 2. Verbe *agonir* et non *agoniser*. - 3. En accord, ensemble. *De conserve*, qui se dit pour des navires faisant route ensemble, est rarement employé au figuré. - 4. Et non *décrocher*. - 5. Et non *digeste* ou *digestif*. - 6. Livrés par porteur spécial (P. et T.). - 7. Livré rapidement. - 8. Et non *inculpé*. - 9. Et non *passagère*. - 10. Verbe *rebattre* et non *rabattre*. - 11. Verbe *recouvrer* et non *recouvrir*. - 12. *Somptuaire* n'est pas un superlatif de *somptueux* et signifie : « qui vise à restreindre la dépense » : *des lois somptuaires*.

REMARQUE : On peut dire : *Il avait une belle dentition* ou *une belle denture*. *Denture* est littéraire ou technique.
Il était courbaturé ou *courbatu*. *Courbatu* est littéraire.

Pour répondre à des besoins d'ordre divers, la langue évolue, le vocabulaire étant l'élément le plus mobile. Mais accepter tous les néologismes (mots ou emplois nouveaux) serait souvent très préjudiciable à la clarté de la communication.

Écrire le français de son temps n'exclut pas le choix.

GLISSEMENTS DE SENS A ÉVITER
corrigé p. 70-71

1. **Alternative** - Choix possible entre deux éventualités. La phrase : *Ils se demandaient s'ils iraient à la mer ou à la montagne*, exprime **une** alternative.

    Dilemme - Choix obligé entre deux éventualités dont l'une est aussi peu acceptable que l'autre. Le dilemme enferme dans une impasse : *En suivant la route, nous arriverons en retard, mais si nous empruntons le raccourci, nous allons nous égarer.*

    Ne pas prendre *dilemme* pour un synonyme de *problème difficile*.

a. *Indiquez par A, D ou P s'il s'agit d'une alternative, d'un dilemme ou d'un problème.*

- Si le touriste sort le jour, il respire des vapeurs nocives; s'il sort la nuit, il risque des agressions.
- Il se demandait s'il prendrait l'avion ou le turbotrain.
- Il s'agit d'équilibrer le budget.

b. *Employez* alternative *ou* possibilité, éventualité, solution.

- En panne d'essence, il était placé devant deux ... : se rendre à pied au garage le plus proche ou recourir à l'obligeance d'un autre automobiliste.

- En panne d'essence, il se trouvait placé devant une ... : se rendre à pied au garage le plus proche, ou recourir à l'obligeance d'un autre automobiliste.
- Il n'y a pas d... : une seule décision est possible.
- L... proposée était également embarrassante.
- Deux ... lui étaient offertes.

2. **Antidater** - Mettre une date antérieure à la date réelle.
   Postdater - Mettre une date postérieure à la date réelle.

Employez antidater *ou* postdater.

- Un testament rédigé le 8 mai et daté du 3 janvier de la même année est ...
- Rédigé le 8 mai et daté du 6 juillet de la même année, il est ...

3. **Assurer** - Affirmer avec force.
   Promettre - Prendre un engagement.
   Ce dernier verbe ne s'emploie jamais avec une subordonnée complément d'objet au présent ou au passé.

Employez assurer *ou* promettre. *Dans une des phrases les deux verbes conviennent avec une nuance de sens.*

- Je vous ... qu'il a été content de vous.
- Je vous ... qu'il est content de vous.
- Je vous ... qu'il sera content de vous.
- Je vous ... que nous n'avons pas perdu de temps.

4. **Avatars** - 1. Incarnations successives d'un dieu sur la terre chez les Hindous : *Le dieu Vichnou se présentait, entre autres avatars, sous la forme d'un poisson, d'un cheval, d'un sanglier.* - 2. Transformations : *Les avatars d'un projet.*
   Sens à écarter : « mésaventure », « incident »...

Employez avatar *ou* mésaventure, incident.

- Des gens du peuple ont longtemps vu en Nehru le Messie à tête de cheval, dernier ... de Vichnou.
- Ce bâtiment avait subi des ... : de chapelle il était devenu école, puis entrepôt.
- Cette longue séance ne se passa pas sans ...
- Je te raconterai nos ... au cours du voyage en Turquie de l'an passé.
- Le parti avait connu depuis sa création bien des ... : scissions, regroupements, dissolutions.

5. **Conséquent** - Dont les actes s'accordent avec les idées :
Il est conséquent dans sa conduite.
Contraire : *inconséquent*.
Sens à écarter : « important » et ses synonymes.

Employez conséquent *ou* important, élevé, considérable.

- L'affaire était ...
- Il était ... avec lui-même.
- On lui devait des sommes ...
- Il s'était promis de ne plus accorder de crédit, or c'était un commerçant ...
- C'était pour le village un commerçant ... car il possédait deux magasins.

6. **Controuvé** - Inventé de toutes pièces pour tromper :
Une allégation controuvée.
Sens à écarter : « démenti », « contredit ».

Employez controuvé *ou* démenti.

- Le journal a ... la nouvelle annoncée la veille.
- Cette accusation de plagiat avait été ... pour nuire au roman.

7. **Crédibilité** - Confiance que l'on peut accorder à la *vérité* d'une chose : *La crédibilité d'un récit.*
Sens à écarter : confiance que l'on peut accorder à quelqu'un ou quelque chose.
L'adjectif *crédible* n'est pas accepté par la langue écrite.

Employez crédibilité *ou exprimez autrement l'idée si ce nom ne convient pas.*

- La ... s'impose dans un roman historique.
- Nous restons sceptiques quant à la ... de cette nouvelle.
- Son témoignage n'offrait aucune ...
- Après d'aussi cuisants échecs en matière sociale on pouvait mettre en doute la ... du gouvernement.

8. **Débuter** est un verbe intransitif, il ne peut donc recevoir un complément d'objet direct ni en supposer un. On doit dire : *Il commença son travail. Pour commencer, on nous servit des huîtres.*
Il ne peut être complété à l'aide de *par* + *infinitif*. On doit dire : *Il commença par goûter à tous les plats.*

Employez débuter *ou* commencer. *Dans certaines phrases où* commencer *est intransitif les deux verbes conviennent.*

- Le commissaire ... *(passé simple)* l'enquête.
- L'enquête ... *(passé simple)* sur-le-champ.
- Le concert ... *(présent)* par une symphonie.
- Elle ... *(imparfait)* par dresser la liste des invités.
- Pour ... il nous pria d'être très attentifs.

9. **Excessivement** - Trop : *Un travail excessivement difficile.* Si l'on emploie cet adverbe pour *extrêmement, très,* on risque l'ambiguïté. Comment savoir ce que signifie dans un texte : *Un air excessivement vif; un enfant excessivement curieux? (trop ou très?)*

Employez excessivement *ou* extrêmement.

- Le fil ... tendu finit par se rompre.
- Le tronc était ... grêle et l'arbre en souffrait quand les fruits arrivaient à maturité.
- Nous recherchions sa compagnie car il était ... spirituel.
- Devant ce visiteur ... poli, je me tenais sur mes gardes.
- ... adroit, il nous tirait toujours d'embarras.

10. **Grâce à, gratifier de, jouir de** ne s'emploient que dans un sens favorable : *Il a réussi grâce à ses efforts. Je fus gratifié d'une belle récompense. Il jouit d'une bonne santé.* C'est par ironie qu'on dit par exemple : *Il a réussi grâce à son absence de scrupules.*

1. *Employez* grâce à *ou* à cause de, par suite de, à la suite de, *sans intention ironique.*

- ... ses conseils, j'ai pu mener l'entreprise à bonne fin.
- C'est ... une erreur qu'il fut déclaré admis.
- On put retrouver l'auto volée ... la déclaration d'un témoin.
- Si j'ai perdu ma place, c'est ... lui.

2. *Employez* gratifier *sans intention ironique ou modifiez légèrement la phrase si ce verbe ne convient pas.*

- Il me ... *(passé simple)* d'un sourire et d'une tape amicale.
- L'agent me ... *(passé simple)* d'une contravention.
- Nous fûmes tous ... d'une augmentation.

3. *Employez* jouir de *ou* posséder.

- Il ... *(présent)* maigres revenus.
- Il ... *(présent)* l'estime de tous.

11. **Habitat** - 1. (terme géographique) Milieu naturel réunissant les conditions nécessaires à l'existence d'une espèce animale ou végétale : *L'habitat de l'éléphant, du palmier.* - 2. (terme géographique et administratif) Ensemble des conditions d'habitation de l'homme : *L'habitat urbain.*
Sens à écarter : « habitation », « logement ».

Employez l'habitat *ou* l'habitation, le logement.

- Si les maisons se rassemblent autour d'un puits, il y a concentration de ...
- On a construit de vastes immeubles destinés non aux bureaux mais à ...
- Il fallait assurer rapidement ... à tous ces immigrés.
- On a pris des mesures pour l'amélioration de ... rural.

12. **Ingambe** (*in* : en; *gambe* : jambe) - Alerte.
Sens à écarter : « impotent ».

Employez ingambe *ou* impotent.

- A quatre-vingts ans il était encore ...
- A quatre-vingts ans il était devenu ...

13. **Au niveau de** exprime une comparaison de degré : *L'ingénieur n'était pas au niveau de sa tâche.*

On peut l'admettre aussi dans une phrase comme : *Ce problème ne peut être réglé qu'au niveau de la commune,* parce que le complément suppose d'autres niveaux : le département, la région, l'État.

La locution ne peut s'employer pour : « en ce qui concerne, dans le domaine de, du point de vue de ». On écrira par exemple : *C'est dans le domaine du style que s'affirme la maîtrise de cet écrivain.*

Employez : au niveau de *ou* en ce qui concerne, dans le domaine de, au point de vue de.

- Son enseignement restait toujours ... des élèves.
- Le roman est bien construit mais ... la psychologie, l'analyse reste superficielle.
- ... l'adverbe, le problème syntaxique se complique.
- Une conférence est prévue ... ministres des affaires étrangères.
- ... industries agricoles, des améliorations s'imposaient.

14. **Neutraliser** - Rendre inefficace l'action ou l'effort : *Neutraliser un gaz toxique. Neutraliser un adversaire.* Sens à écarter : « maîtriser », « se rendre maître de quelqu'un ».

Employez neutraliser *ou* maîtriser.

- Il fallait à tout prix ... ce projet.
- Notre objectif était de ... cette propagande.
- Les avants réussirent à ... les trois-quarts écossais.
- Les gendarmes parvinrent à ... le meurtrier.

15. **Récupérer** offre de nombreux emplois spécialisés : *Récupérer des créances; récupérer un gaz; récupérer des heures de travail; récupérer les accidents du travail.* En dehors de ces cas, il est préférable, dans la langue soutenue, de réserver à ce verbe le sens de « rentrer en possession de ce qui a été pris » : *Récupérer des armes,* et par extension : *Récupérer des terrains sur la mer.* On peut admettre aussi : *Récupérer ses forces,* et sans complément d'objet : *Après la course, il récupère.* Sens à écarter : « retrouver » dans son acception générale et surtout « prendre » et ses synonymes (s'emparer de, se procurer, ramasser, recueillir...).

Employez récupérer *ou le verbe qui convient.*

- L'infanterie a ... plusieurs chars qui avaient été encerclés par l'ennemi.
- On pourrait ... des terres en asséchant les marais.
- J'ai ... les clefs que j'avais perdues.
- J'ai ... ces pommes dans un verger.
- La police a ... dans un grenier les tableaux volés.
- Il avait fini par ... ses forces.
- Les terres spoliées qu'on avait ... furent distribuées aux paysans les plus pauvres.

16. **Risquer de** ne s'applique qu'à un fait fâcheux : *Il risque de tomber.* C'est ironiquement que l'on dit : *Il risque de réussir.*

Employez risquer de *ou l'expression qui convient, sans intention ironique.*

- Il ... fort de finir ses jours en prison.
- L'équipe ... de remporter la victoire.

17. **Soi-disant** - Qui se dit tel, en parlant d'une personne : *Un soi-disant ingénieur.*

Cette locution, à valeur d'adjectif, tend à s'appliquer aux choses : *Un soi-disant château*, mais sa signification littérale étant encore nettement sentie, il est préférable de la respecter dans la langue soutenue et d'employer pour les choses « prétendu » : *Un prétendu château.*

On sera d'ailleurs obligé de recourir également à « prétendu » pour les personnes dans certaines phrases comme nous allons le voir.

Employez soi-disant *ou* prétendu *en tenant compte des indications ci-dessus.*

- Le ... voyageur de commerce avait fait de nombreuses dupes.
- Le ... docteur n'était qu'un infirmier.
- Le ... mort se dressa sur son lit.
- Le ... escroc était un honnête commerçant.
- Le ... parc n'était qu'un jardin assez mal entretenu.
- Nous ne manquâmes pas d'admirer le ... tableau de Watteau.

18. **Soi-disant** peut être pris adverbialement : *Il s'enferma dans sa chambre, soi-disant pour travailler.* Pour les choses, il est préférable d'employer un autre adverbe ou une autre expression.

N. B. La locution conjonctive *soi-disant que* est familière.

Employez soi-disant *ou* prétendument, censément, dit-on ..., *en tenant compte des indications ci-dessus.*

- Mon cousin arrive ... à huit heures.
- Le car arrive ... à huit heures.
- Cet arbre était ... centenaire.
- La tour atteindrait ... trois cents mètres.
- L'homme s'approcha ... pour nous aider.

19. **Taxer de** - Accuser : *Taxer quelqu'un de lâcheté.* Ce verbe ne s'associe qu'à un nom.

Employez avec taxer de *le mot qui convient :* partialité, faible, faiblesse, être négligent, négligence.

- Taxer de ...

20. **Valable** ne s'emploie que pour les choses. 1. Acceptable : *Une excuse valable.* - 2. Qui répond aux conditions requises pour son emploi : *Le billet reste valable.* Sens à écarter : qui a une réelle valeur, remarquable, en parlant des choses et des personnes.

Employez une expression ou un adjectif qui convienne, à l'exclusion de valable.

- Le prix a enfin été attribué à un roman ...
- La psychologie des personnages de la pièce est ... : tous les caractères sont bien observés.
- Ce comptable est vraiment ...
- Il n'avait rien publié de plus ...
- Le siècle comptait de nombreux écrivains ...
- Des interlocuteurs ...

Pour mémoire :

Soulignez le mot en italiques à propos duquel vous risquez de commettre une impropriété.

Ce magasin est bien *achalandé* [1]. - Le bal manquait d'*entrain* [2] (de *gaieté*, d'*animation*). - N'oublie pas d'*apporter* [3] tes outils. - Ma fille a *rapporté* [4] ce tapis de Turquie. - Des rapports *difficiles* [5]. - On considérait cette mesure comme une *panacée* [6]. - *Sur le plan littéraire* (ou *sur le plan de la littérature* [7]).

1. Qui possède de nombreux clients. *Chaland* est un mot vieilli pour *client*. Il est préférable de conserver ce sens à *achalandé*. Pour les marchandises on dira : *bien approvisionné*. - 2. Et non *ambiance*, qui signifie milieu matériel, intellectuel, moral, psychologique. - 3. Et non d'*amener*. - 4. Et non *ramené*. - 5. Et non *difficultueux* qui signifie : d'un caractère difficile, en parlant des personnes, et dont l'emploi est très rare. - 6. Ne pas ajouter *universelle*, *panacée* signifiant : ce qui peut guérir tous les maux. - 7. Et non *au plan* littéraire.

Dans les phrases proposées, le mot ou emploi nouveau en italiques, accepté par de nombreux écrivains ou journalistes, est parfois controversé. Que vous l'utilisiez ou non, proposez un ou plusieurs équivalents. La recherche des synonymes est toujours un exercice fructueux.
N. B. : Vous serez parfois conduit à modifier la phrase, ce qui prouve la nécessité du mot nouveau.

1. **Aberrant** - Qui s'écarte de la norme : *Une construction de phrase aberrante.*
    Emploi nouveau, à forte valeur affective [1] : Qui s'écarte du bon sens. L'adjectif ne convient pas pour les personnes.

- Il était *aberrant* d'acheter cette propriété sans l'avoir visitée.

2. **Audience** - 1. Réception où l'on admet quelqu'un pour l'écouter : *Solliciter une audience.* - 2. Séance d'un tribunal.
    Emploi ancien revenu en faveur : Fait d'être lu ou écouté.

- Son roman a obtenu une certaine *audience*.
- Ce sont des hommes optimistes, convaincus de trouver une large *audience* dans le pays.

3. **Authentique** - Dont on ne peut contester l'origine, la valeur, la certitude : *Un tableau authentique. Les propos authentiques. Un authentique poète.*
    Emploi nouveau : Réellement éprouvé en parlant d'un sentiment. Même glissement pour *authenticité*.

- Il éprouvait pour cet artiste une *authentique* ferveur.
- Nul ne pouvait douter de l'*authenticité* de sa piété.

4. **S'avérer** - Se montrer vraiment. Étant donné ce sens, il est préférable d'éviter d'associer ce verbe avec *vrai*, *faux* ou *inexact*.

- Il est urgent de prendre les mesures qui *s'avèrent* nécessaires.

---

1. Qui reflète le sentiment.

5. Bénéfique - Terme d'astrologie passé dans la langue générale - Qui exerce une influence favorable.

- Une telle éventualité aurait des effets *bénéfiques* sur les négociations.

6. Dans le cadre de - Dans les dispositions générales de, dans les limites de.

- *Dans le cadre des* mesures prises, il est apparu indispensable de réduire les horaires de travail.
- Ces terres ont été conquises sur le désert et seraient demeurées stériles *dans le cadre des* économies indigènes.

7. Catastrophique - Qui offre vraiment les caractères d'une catastrophe.
N. B. : Employé par exagération, l'adjectif appartient à la langue familière : *Une intervention catastrophique de ce député.*

- Jusqu'en 1949, la situation de la forêt landaise a été *catastrophique :* des centaines de milliers d'hectares ont brûlé.

8. Climat - Emploi nouveau : État d'esprit collectif.

- Le *climat* de la réunion n'était guère favorable à un compromis.

9. Concerner - Ce verbe est transitif direct et peut donc s'employer au passif.

- N'étant ni prêtre ni catholique, je ne me sens nullement *concerné* par la polémique actuelle au sein de l'Église.

10. Confronter - Mettre en présence des personnes ou des choses : *Confronter les témoins avec (à) l'accusé; la copie avec (à) l'original.*
Le glissement : *Le ministre* (personne) *se trouve confronté avec (à) de grosses difficultés* (choses) est accepté à condition d'employer les prépositions indiquées.

- L'étudiant, sorti de l'Université, se trouve brusquement *confronté* aux réalités de la vie.

11. **Contexte** - Ce qui, dans un texte écrit, précède ou suit un mot, un passage déterminé.
Emploi nouveau : Ensemble des circonstances dans lesquelles se situe un fait.

- Tant de choses ont changé depuis longtemps en Europe qu'il est parfois difficile de replacer l'événement dans son *contexte* économique.

12. **Contrôler** - Vérifier, surveiller : *Contrôler les prix.* L'emploi nouveau « avoir la maîtrise de, la direction de » est courant en économie : *L'entreprise suisse est contrôlée par un groupe dont le gouvernement est l'un des principaux actionnaires.* Dans la langue générale, il faut éviter ce glissement dès qu'une ambiguïté est possible : *La loi martiale a été proclamée et les troupes contrôlent les principales artères de la ville (surveillent ou ont la maîtrise de?).*

- Il a perdu le *contrôle* de sa voiture, de ses nerfs.
- La flotte *contrôle* la mer du Nord.

13. **Crucial** - Terme de chirurgie qui date du XVIe siècle. En forme de croix : *Une incision cruciale.*
Emprunté par l'anglais, il a pris dans cette langue le sens imagé de : « qui guide le jugement, comme une croix indique la bonne direction à la bifurcation d'un chemin », puis celui de : « d'une importance capitale », adopté par le français vers 1920.

- La sécheresse devenait pour le pays un problème *crucial.*

14. **Dégrader, dégradation; détériorer, détérioration** se disent de dégâts matériels. Mais l'emploi figuré s'étend, les deux derniers mots étant plus forts.

- Les rapports entre ces deux communautés se *dégradent.*
- Le personnel est d'autant plus amer que les conditions de travail se sont *détériorées.*

15. **Efficient, efficience** - Termes de philosophie entrés dans la langue générale - Se disent d'une action qui aboutit à des résultats. Ces mots sont quelque peu recherchés.

- Le procédé se révéla *efficient.*
- Nul ne contestait l'*efficience* de ces mesures.

16. Errements (pluriel) qui a signifié : manière dont une affaire est conduite, ne s'emploie plus que dans un sens défavorable. Le mot a subi l'influence d'*erreur* qui n'appartient pas à sa famille.

- Il ne faudrait pas que la municipalité persiste dans ses *errements*.

17. Extérioriser - Terme de psychologie entré dans la langue générale - Manifester ce qu'on éprouve par ses gestes et ses attitudes. Ne pas l'employer pour « exprimer ».

- C'était un homme simple qui *extériorisait* toujours ses sentiments.

18. Farfelu - Bizarre, extravagant (en un sens sympathique). Cet adjectif, ancien dans la langue, est revenu en faveur ; il ne s'emploie qu'avec le sourire.

- Le cousin débordait de projets *farfelus*.

19. Fracassant - Qui fait un grand bruit : *Une fracassante chute de pierres*.
L'emploi nouveau au figuré est plutôt familier, mais fait image.

- Après les *fracassantes* déclarations de la presse, impossible de temporiser.

20. Homologue - Terme scientifique entré dans la langue générale - Qui correspond exactement à un autre.

- Notre ministre des finances a reçu la visite de son *homologue* allemand.
- Ces emplois *homologues* n'étaient pas rétribués de la même façon dans les deux usines.

21. Impact - Point de chute d'un projectile. Terme de balistique entré dans la langue générale par image - Effet d'une action vigoureuse.

- L'*impact* de cette énorme publicité fut considérable.

22. Impensable - Qui ne peut être pleinement saisi par la pensée. Sens très fort. L'emploi pour « impossible », « inadmissible », « absurde » relève de la langue familière.

- Le monde entier connaît depuis quelques années des mutations économiques jusqu'ici *impensables*.

23. **Incidence** - Terme de géométrie et de physique entré dans la langue générale au sens d' « effet ».

- Le ministre a déclaré qu'il étudierait les revendications ayant des *incidences* sur les dépenses publiques.

24. **Instance** - 1. Sollicitation pressante : *Demander avec instance.* - 2. Poursuite en justice : *Tribunal de première instance.*
Emploi nouveau, au pluriel : Les juridictions elles-mêmes, les personnes ou organismes ayant pouvoir d'autorité.

- Des hommes résolus détenaient la majorité dans les *instances* du parti.

25. **Irréversible** (figuré). — Emploi nouveau : Qui ne peut s'effectuer que dans un sens. L'adjectif ne devrait s'appliquer qu'à un mouvement mais son emploi s'est étendu : *Des résultats irréversibles, une situation irréversible.*

- L'évolution des mœurs est *irréversible*.

26. **Malgré que** - En créant cette locution, admise par d'excellents écrivains, la langue n'a fait qu'observer le parallélisme entre préposition et conjonction : *avant, avant que; après, après que; pour, pour que; sans, sans que. Malgré que* s'emploie toujours avec le subjonctif.

- *Malgré qu*'on soit au début de l'automne, les feuillages restent bien verts.

27. **Message** - Communication, nouvelle transmise à quelqu'un : *Être chargé d'un message.*
Emploi nouveau : Apport personnel d'un écrivain, d'un artiste. Le mot est assez prétentieux; il ne faut pas en abuser.

- Pourquoi admirer cet écrivain qui n'avait laissé aucun *message?*

28. **Par contre** n'a rien du langage d'arrière-boutique comme on l'a dit, et se justifie grammaticalement, la langue admettant la juxtaposition de deux prépositions : *d'avec; d'entre.* Ce n'est pas, au surplus, une locution inutile. On ne peut pas toujours la remplacer par « en revanche », qui implique une compensation. (Voir le deuxième exemple ci-dessous.)

- La salle de séjour était exiguë; *par contre* les chambres étaient plutôt spacieuses.
- Son premier roman a obtenu un vif succès; *par contre* le second n'eut qu'un faible tirage.

29. Présence - Emploi nouveau : Forte emprise d'un acteur, d'un chanteur, d'une personnalité, sur l'esprit du public.

- Cette cantatrice a une belle voix mais, dans ses rôles, elle manque de *présence*.

30. Promouvoir - Élever à une fonction, à un grade supérieur. *Il a été promu amiral.*
Emploi ancien revenu en faveur : « Mettre en œuvre ».

- Elle nous parla de ligues paysannes qui essayaient de *promouvoir* la réforme agraire.

31. Récession - Terme d'économie : Ralentissement de l'activité économique.

- Toute l'Europe entrait dans une période de *récession*.

32. Reconsidérer - Mot ancien revenu en faveur : Examiner d'un point de vue nouveau pour trouver une solution meilleure.

- Si la situation monétaire mondiale continuait à s'aggraver, la France pourrait être amenée à *reconsidérer* sa politique financière.

33. Régresser - Revenir à un état moins évolué.

- Cet art ne cessait de *régresser*.

34. Représentativité - Qualité reconnue d'une personne ou d'un groupe pour parler et agir au nom d'une autre personne, d'un autre groupe, d'un pays.

- Des doutes s'élevèrent sur la *représentativité* de ces plénipotentiaires.

35. Réticent - Qui passe sous silence ce qu'il devrait ou pourrait dire : *Des propos réticents.*
Emploi nouveau : Qui témoigne de réserve, d'hésitation. Même glissement pour *réticence*.

- Les exportateurs sentent les acheteurs étrangers *réticents*.
- Il m'a approuvé sans la moindre *réticence*.

36. Sanctionner - Approuver, confirmer : *Un mot sanctionné par l'usage. Les études sont sanctionnées par un examen.* Emploi nouveau : Punir. Il est préférable de n'employer ce verbe que pour les choses.

- Le ministre des finances a *sanctionné* cet abus.

37. Sous le signe de est passé de l'astrologie dans la langue générale au sens de *sous l'influence de, sous les auspices de.*

- Il est évident que la cérémonie de ce mariage princier avait été réglée *sous le signe de* l'austérité.

38. Spectaculaire - Propre à constituer un spectacle. Fig. : Qui frappe l'imagination.

- J'avais rarement assisté à un match aussi *spectaculaire*.
- Quelles sont donc les ressources qui ont permis ces progrès *spectaculaires?*

Pour mémoire :

Si vous le jugez utile, proposez un équivalent pour les termes en italiques. Dans ce cas, récrivez toute la phrase ou l'expression.

1. Il *s'activait* tout le jour dans son petit atelier. - 2. Son opinion est *basée* sur des documents sûrs. - 3. La mesure avait été prise *dans le but* [1] d'empêcher la fraude. - 4. Il était heureux d'avoir *rempli son but* [1]. - 5. Cet ouvrage *poursuit un double but* [1]. - 6. Un écrivain *de classe, de grande classe.* - 7. Je lui ai *évité* toutes sortes de désagréments. - 8. La justice fiscale est un *impératif* social et politique. - 9. Le gouvernement entend lutter contre l'inflation, mais *par ailleurs* il doit veiller à la situation du marché de l'emploi. - 10. Cette thérapeutique qui avait fait merveille *par ailleurs* se révélait en l'occurrence inefficace. - 11. Le savant était las et *par ailleurs* consterné du peu d'intérêt porté à ses recherches. - 12. Il avait fait un grand *périple* [2] en Asie. - 13. Dès sa *parution*, le livre connut un vif succès. - 14. Déçu dans son amour-propre, il n'en a pas *pour autant* décidé de modifier son attitude. - 15. Ce sont là des inconvénients *susceptibles* de disparaître. - 16. C'est un homme *susceptible* de rendre service.

1. Dans ces expressions, *but* est employé au sens figuré et abstrait.
2. *Périple*, qui a signifié : voyage circulaire par mer, s'emploie correctement de nos jours au sens de : randonnée, voyage touristique.

MOTS FAMILIERS DÉCONSEILLÉS
DANS LA LANGUE ÉCRITE
corrigé p. 73

Remplacez le mot en italiques, que représentent les trois points, par un équivalent.

1. *Accidenté* [1]
- Les voyageurs ... furent rapidement transportés à l'hôpital.

2. *Agressé*
- Le passant a été ... par trois voyous.

3. *Catastrophé*
- Il revint ...

4. *Contacter*
- Nous avons réussi à ... les nouveaux adhérents.

5. *Contrer*
- J'étais bien décidé à ... son projet.

6. *Décontracté*
- Il nous rejoignit, le visage épanoui, très ...

7. *Émotionné*
- Elle était ... au point de ne pouvoir proférer une parole.

8. *Indifférer*
- Toutes ces protestations nous ... *(présent)*.

9. *Ovationner*
- Le public ... *(passé simple)* le coureur.

10. *Sidéré*
- Il était ... par l'audace de la réplique.

11. *Solutionner*
- Restait à ... cette question.

1. L'emploi du participe comme nom : *les accidentés du travail, de la route*, appartient à la langue administrative.

PROBLÈMES DE CONSTRUCTION
corrigé p. 73

Anticiper - Effectuer avant le moment prévu : *Anticiper un paiement.*
Anticiper sur - Considérer avant le moment prévu : *Anticiper sur l'avenir.*

Invectiver - Lancer des invectives (paroles violentes, agressives). Le verbe peut se construire avec ou sans *contre*. *Il invectivait contre les automobilistes imprudents. Il invectivait les automobilistes imprudents.* Il est préférable dans la langue soutenue d'employer la première construction.

Pallier (transitif direct) - Remédier à, dans une certaine mesure. *Pallier des inconvénients.*

Participer à - Prendre part : *Participer à un jeu.*
Participer de - Présenter des caractères communs : *Sa coiffure participait de la toque et du bonnet.*

Percuter - Frapper fortement, heurter : *Le chien du fusil percute l'amorce.*
Le verbe se construit avec *contre* quand il s'agit d'un accident : *L'automobile percuta contre un arbre.*

Se présenter à un examen est la seule construction vraiment admise par la langue écrite.

Ressortir de - Sortir de nouveau : *Il ressortit de la poste un moment après.*
Ressortir à - 1. (terme de droit) Être du ressort, de la compétence d'une juridiction : *L'affaire ressortit à la cour d'assises.*
- 2 Se rapporter à : *Ce problème ressortit aux mathématiques supérieures.* Se conjugue comme *finir* : il ressortit, il ressortissait.

Satisfaire (personne ou chose) - Contenter : *Satisfaire un client, un besoin.*
Satisfaire à (choses) - Obéir à une exigence : *Satisfaire à une obligation, à une règle.* On peut donc distinguer *satisfaire un désir* et *satisfaire à un désir.*

Vitupérer - Blâmer vivement, sans nécessairement l'idée de violence. Le verbe peut se construire avec ou sans *contre : L'opposition ne cessait de vitupérer contre le gouvernement,* ou *de vitupérer le gouvernement.* A l'inverse d'*invectiver,* il est préférable, dans la langue soutenue, d'employer la seconde construction.

1. *Associez le verbe au complément qui convient.*

Il faut pallier	*a.* au tribunal de Douai.
Il anticipe	*b.* contre la montagne.
Il anticipe	*c.* la pénurie de main-d'œuvre.
Ce procès ressortissait	*d.* sur les événements.
Examinons ce qui ressortit	*e.* ses versements.
L'avion percuta	*f.* à un autre domaine des connaissances.

2. *Même exercice.*

Il doit se présenter	*a.* à cet engagement.
Il invectiva	*b.* sa curiosité.
Il vitupérait	*c.* de la caserne et du château fort.
Je ne peux satisfaire	*d.* au prochain concours.
Je ne peux satisfaire	*e.* contre cet entrepreneur peu consciencieux.
Cet immeuble participe	*f.* les mœurs du siècle.

Pour mémoire :

Soulignez la construction que vous auriez tendance à ne pas respecter.

Aller à [1] bicyclette. - Grimper à (sur) un arbre. - Je vais à la Sorbonne. - Mon foulard est pareil au sien. - Travailler à l'usine. - Préférer la mer à la montagne. - Causer avec un ami. - Aller chez le médecin. - On le considère comme un grand écrivain. - On le considère comme coupable. - Être fâché contre quelqu'un. - Prendre un renseignement dans [2] le dictionnaire. - Il l'avait lu dans [2] le journal. - Une émission transmise de [3] Londres. - Je l'observais de [3] ma fenêtre. - Je l'accompagne jusqu'à [4] Nantes. - Jusqu'à [4] hier, je ne croyais pas à cette nouvelle. - Partir pour [5] Paris. - Partir pour [6] l'Angleterre. - Il y a des taches sur votre veston. - Je me rappelle ce village. - Je me le rappelle.

1. *En* est plus familier. - 2. *Sur* est plus familier. - 3. *De* marque clairement le point de départ; *depuis* est inutile. - 4. Ne pas oublier à. - 5. *A* est plus familier. - 6. *En* est plus familier.

REMARQUE : On peut dire : *C'est à vous de parler* ou *à parler.* La première construction évite une répétition de *à.*

3 Exercez-vous au jeu
des synonymes
et des contraires

Habituez-vous à substituer des équivalents plus précis aux *mots passe-partout :* « il y a », « se trouver », « être »,. « mettre »... qui ne viennent que trop spontanément sous la plume. Les mots dits *synonymes* ont un même sens général, si bien qu'ils sont parfois interchangeables; mais la netteté de la communication peut exiger qu'on tienne compte des différences ou des nuances de sens qui les séparent ainsi que de leur degré d'intensité ou du niveau de langue [1] auquel ils appartiennent.

Quant aux *contraires*, ils enrichissent le lexique et aident à fixer le sens des mots.

VERBES PASSE-PARTOUT
corrigé p. 73-74

1. *Le tiret tient lieu d'un verbe passe-partout :* il y a, on voit, se trouve...

Faites la transformation suivante :
— des dossiers sur les rayons : Des dossiers couvrent, encombrent, occupent...

Vous utiliserez les verbes de la liste suivante : alourdir, charger, couvrir, déceler, dénoter, éclater, enrichir, joncher, nuire à, offrir, orner, peser, planer, présenter, régner, témoigner de, *au présent de l'indicatif.*

1. — des détritus sur le sol.
- Des détritus ...

2. — une menace sur l'entreprise.
- Une menace ...

3. — de magnifiques gravures dans l'ouvrage.
- De magnifiques gravures ...

1. Voir note 2, p. 6.

4. — quelque confusion dans ces recherches.
- Ces recherches ...
5. — une certaine réserve dans ses propos.
- Ses propos ...
6. — de vives discussions au sein du parti.
- De vives discussions ...
7. — trop de digressions dans son exposé.
- Trop de digressions ...
8. — de l'animation dans la ville.
- L'animation ...

2. *Remplacez les trois points qui tiennent lieu d'un verbe ou d'une expression passe-partout par un ou plusieurs verbes au sens plus précis de la liste suivante :* s'amonceler, apparaître, croupir, se déceler, se dresser, s'élever, s'étaler, s'étendre, figurer, se manifester, se presser, se rencontrer, résider, séjourner, stagner, *au présent de l'indicatif.*

1. Au-delà du château ... la lande.
2. En face de la fenêtre ... un arbre plusieurs fois centenaire.
3. Chez certains joueurs, après cette demi-victoire, ... un peu d'amertume.
4. A même le sol ... des chapeaux, des souliers, des pantalons, des gants destinés à la vente.
5. C'est dans l'action que ... tout l'intérêt du roman.
6. Une eau noirâtre ... au fond de la citerne.
7. Ces fautes ne ... que dans des articles hâtifs.
8. Dans l'étroite salle d'attente ... de nombreux voyageurs.
9. Sur la liste ... six noms.

3. *Remplacez* avoir *par un ou plusieurs verbes plus précis.*

Ex. : Je ne sais quel plaisir il *avait* à regarder le chauffeur laver la voiture : *éprouvait, ressentait.*

1. L'entreprise *a* plus de huit mille actionnaires.
2. L'ingénieur *avait* dans l'usine de lourdes responsabilités.
3. L'ingénieur *avait* dans l'usine un rôle important.
4. Souhaitons que ce reportage *ait* une diffusion plus large.
5. C'était une autorisation qu'on *avait* facilement.
6. Cette sécheresse allait *avoir* de graves conséquences.
7. Cet entrepreneur *avait* plutôt une bonne réputation.
8. Le voisinage de ces forêts *a* une grosse influence sur le climat.

9. La pièce *a eu* un gros succès.
10. Les constructeurs *ont eu* des difficultés insoupçonnées.
11. Il *avait eu* enfin une réponse à sa lettre.
12. Elle *avait* toujours une veste grise.
13. Ce jour-là, nous *avons eu* des visites.
14. C'est une édition qu'on n'*a* pas facilement.

4. *Remplacez* dire *par un ou plusieurs verbes plus précis de la liste suivante :* adresser, affirmer, apprendre, assurer, avouer, confier, convenir, débiter, dévoiler, donner, expliquer, exposer, exprimer, indiquer, narrer, prétendre, raconter, soutenir.

N. B. Un même verbe peut parfois convenir à des phrases différentes.

1. Il *dit* son histoire à qui veut l'entendre.
2. Pouvez-vous me *dire* pourquoi vous étiez absent ce jour-là?
3. Il ne fait que *dire* des sottises.
4. *Dites*-nous votre avis en toute sincérité.
5. J'ai dû montrer mon savoir-faire, car on *disait* toujours que j'étais maladroit.
6. Je vais vous *dire* une nouvelle qui vous surprendra.
7. Il finit par *dire* qu'il s'était trompé.
8. *Dis*-moi la rue où tu habites.
9. Ils se bornent à lui *dire* quelques mots d'encouragement.
10. Il ne tient pas à *dire* ses projets.

5. *Remplacez* mettre *par un ou plusieurs verbes plus précis.*

1. Pour mieux examiner les traces, l'homme *mit* son fardeau à terre.
2. Mes mains étaient mouillées comme si je les avais *mises* jusqu'au poignet dans une source.
3. Il a *mis* tous ses soins à cette besogne.
4. Les outils hors d'usage avaient été *mis* au grenier.
5. Il *mettait* partout le désordre.
6. Le préposé *mit* le prospectus sous la porte.
7. J'ai *mis* beaucoup de temps à rassembler ces documents.
8. On l'avait *mis* sur la liste des suspects.
9. On *mit* des agents à toutes les issues.
10. On le *mettait* au nombre des récalcitrants.

6. *Dans le texte original, l'écrivain n'a employé qu'une fois* mettre *(en italiques).*

Essayez de retrouver les synonymes variés auxquels il a eu recours, représentés ici par des points de suspension.

Ma mère nous habilla pour lutter contre le froid. Entre mon gilet de flanelle et ma chemise, elle ... plusieurs numéros du Petit Provençal pliés en quatre. Elle en *mit* aussi dans mon dos. Il fallut ensuite ... deux tricots l'un sur l'autre, puis une blouse soigneusement boutonnée, puis la pèlerine de drap. Enfin, elle me ... un béret jusqu'aux oreilles et ... par-dessus le tout le capuchon pointu.

7. *Remplacez* voir *par un ou plusieurs verbes plus précis de la liste suivante :* apprécier, comprendre, considérer, consulter, déceler, découvrir, deviner, distinguer, étudier, examiner, fréquenter, imaginer, observer, parcourir, prédire, prévoir, produire, remarquer, sentir, trouver, visiter.

N. B. Un même verbe peut parfois convenir à des phrases différentes.

1. Tu ferais bien d'aller *voir* le médecin.
2. Dans cette obscurité, je ne *voyais* pas les marches.
3. Je ne le *vois* pas du tout commerçant.
4. Ils ne *voient* pas de solution à ce problème.
5. Je ne *vois* pas ce qu'il peut me reprocher.
6. C'est une affaire à *voir*.
7. Elle ne *voit* pas beaucoup de gens dans son quartier.
8. C'est un phénomène qui ne se *voit* pas souvent.
9. Il était incapable de *voir* la qualité d'une œuvre.
10. Je *vois* à ton air que tu es un peu inquiet.
11. Elle se prête le don de *voir* l'avenir.
12. Je n'ai rien *vu* de particulier dans son habillement.
13. J'ai envie d'aller *voir* cette usine.
14. En quelques jours, nous avons *vu* toute l'île.
15. J'ai l'impression d'avoir déjà *vu* cette personne chez des amis.

8. *Employez avec les noms suivants un verbe plus précis que* faire :

1. Une liste - 2. un trajet - 3. un rapport - 4. une erreur - 5. des excuses - 6. des dettes - 7. un traité - 8. des dégâts - 9. un métier - 10. des recherches - 11. des reproches - 12. un poème - 13. une enquête.

9. *Remplacez* faire *par un ou plusieurs verbes plus précis de la liste suivante :* s'accommoder, accomplir, s'accoutumer, adresser, assurer, composer, concevoir, confectionner, constituer, devenir, dessiner, effectuer, entreprendre, établir, former, formuler, s'habituer, se lancer dans, lier, mesurer, peser, procéder à, prononcer, réaliser.

1. Nous mesurions l'ampleur de la tâche qui restait à *faire*.
2. Il fallait tenir compte des critiques *faites* par le président.
3. Elle avait *fait* connaissance avec tous ses voisins immédiats.
4. L'administration prescrit aux diverses entreprises de *faire* d'urgence les réparations.
5. Le Boeing *fait* la liaison entre les deux capitales.
6. Elle *faisait* de chaudes couvertures avec des restes de laine.
7. Ils avaient *fait* le projet d'émigrer.
8. Le député *fit* un discours véhément.
9. Le paquet *faisait* environ cinq cents grammes.
10. La planche *faisait* trois mètres de long.
11. Il va certainement *faire* un excellent juriste.
12. Les couleurs *font* un ensemble harmonieux.
13. Les yeux finissent par *se faire* à l'obscurité.
14. Les peupliers *faisaient* un cercle autour du lac.

10. *Remplacez la locution en italiques par un verbe synonyme :*

Ex. : Faire cesser un malentendu : *dissiper*

1. Pour *faire peur* au lézard, je lançai une pierre.
2. Il se croisa les bras sur la poitrine et *fit semblant* de s'endormir.
3. Un coup de fusil *se fit entendre*.
4. Une bibliothèque doit *faire naître* et satisfaire la curiosité.
5. Pourquoi *faire renaître* d'aussi pénibles souvenirs?
6. Cette nouvelle *fit renaître* l'espoir.
7. Il n'osait *faire paraître* sa réprobation.
8. Cette attitude lui a *fait perdre* l'estime de ses collègues.
9. On *fit courir* la nouvelle de sa ruine.
10. Il voulait me *faire croire* à son désintéressement.
11. Le président était bien décidé à *faire accepter* ses vues.
12. Nous ne tenons pas à *faire durer* la discussion.
13. Il fallait *faire savoir* au peuple les raisons du conflit.
14. Le journal ne manquait pas de *faire ressortir* l'importance de cet accord.
15. Il *faisait partie* de cette équipe.
16. Notre intention était de *faire échouer* les manœuvres de l'adversaire.

1. *Trouvez un ou plusieurs synonymes du verbe en italiques.*

1. Ce procédé *offre* des inconvénients.
2. Ils sont tous *convaincus* que si l'on veut changer la société, il faut commencer par changer les méthodes d'éducation.
3. Nous avons réussi à *surmonter* tous les obstacles.
4. Les dépenses *destinées* à la défense absorbaient·le quart du budget.
5. Les visiteurs pouvaient admirer la maquette de cette maison *pourvue* de tout le confort.
6. On *attribue* une grande importance à ce projet.
7. Il s'agit d'*établir* des rapports nouveaux avec de vieux adversaires.
8. La circulation des automobiles *augmente* d'année en année.
9. Les témoignages des observateurs les plus modérés *concordent* sur ce point.

2. *Trouvez un ou plusieurs synonymes de l'adjectif en italiques.*

1. Tous ses gestes étaient *maladroits*.
2. Nous possédons des preuves *incontestables* de sa culpabilité.
3. Les syndicats se montrent *incrédules* quant à l'efficacité de ces mesures.
4. D'un geste *rapide*, il glissa l'arme dans sa poche.
5. Il apportait à toutes ses recherches une attention *minutieuse*.
6. Telles sont les raisons *capitales* du conflit.
7. Il affichait une attitude *cavalière*.
8. Il s'approcha de nous, l'air *repentant*.
9. Tous n'avaient du problème qu'une idée *grossière*.
10. Son attitude est toujours demeurée *impeccable*.
11. Il nous répondit d'un ton *tranchant*.
12. L'enfant est sorti *sain et sauf* de l'accident.
13. L'air de toute cette région est *sain*.
14. L'expert leur brossa un tableau *exact* de la situation.
15. Habillez-vous donc d'une manière *convenable*.
16. Le dernier argument était *probant*.
17. Dans les circonstances *actuelles* la prudence s'impose.
18. Il s'agissait de préciser les positions *relatives* des deux voitures avant l'accident.
19. Devant cette alternative il restait *embarrassé*.

3. *Trouvez un ou plusieurs synonymes du nom en italiques.*

1. Les *rapports* étaient tendus entre les deux États.
2. Respectez donc la *cadence* du vers.
3. Ils dépassent les *limites* de la courtoisie.
4. Le vieillard était d'un *caractère* très sociable.
5. La *valeur* de ce roman est universellement reconnue.
6. Restaient à découvrir les *raisons* de cette malheureuse intervention.
7. A mon *avis*, vous auriez dû partir plus tôt.
8. L'affaire nous cause bien des *ennuis*.
9. De gros intérêts sont en *question*.
10. Laissons-la procéder à son *gré*.
11. Ces fatigues soudaines sont le *signe* d'une mauvaise santé.
12. De nombreux acteurs doivent leur *célébrité* à ce metteur en scène.
13. L'aéroport sera construit au *détriment* de l'équilibre entre le nord et le sud du pays.
14. Non sans quelque *grandiloquence*, il nous adressa ses recommandations.
15. Il venait recueillir auprès des habitants d'utiles *renseignements*.
16. Tout le pays était en proie au *désordre*.
17. En dépit de ses multiples *occupations*, il ne négligeait pas son rôle de père de famille.

4. *Trouvez, selon le contexte, un ou plusieurs synonymes du même verbe en italiques.*

Convenir
1. Ils *conviennent* de se rencontrer tous les lundis.
2. Je *conviens* que vous aviez vu juste.

Affecter
1. Il *affectait* l'indifférence.
2. Des grèves ont éclaté sans *affecter* le service des grandes lignes.
3. Cette mort l'avait profondément *affecté*.

Déceler
1. On *décelait* dans la neige des traces de pas.
2. Sa voix *décelait* son trouble.

Concilier
1. Il était difficile de *concilier* leurs deux prétentions.
2. Sa largeur de vue lui *concilia* l'auditoire.

S'amonceler
1. Les feuilles *s'amoncelaient* dans le chemin.
2. Les preuves *s'amoncelaient* contre lui.

Négliger
1. Elle a toujours *négligé* mes conseils.
2. Le romancier n'a *négligé* aucun détail.
3. Il est évident qu'il *néglige* ses affaires.

Assumer
1. Le praticien devait *assumer* ce risque.
2. Il était incapable d'*assumer* ces fonctions.

Déboucher
1. Un cycliste *déboucha* soudain du chemin.
2. Cette rue *débouchait* sur une large place.

Partager
1. Nous allons nous *partager* les tâches.
2. Je *partage* vos sentiments.

Ménager
1. Je *ménage* mes ressources.
2. Je lui *ménage* une surprise.

5. *Trouvez, selon le contexte, un ou plusieurs synonymes du même adjectif en italiques.*

Permanent
1. C'est là un des caractères *permanents* de ce peuple.
2. On assure une garde *permanente* des locaux.

Faux
1. Ce n'était que *fausse* modestie.
2. Ils s'endormirent dans cette *fausse* prospérité.
3. On s'égara dans de *faux* soupçons.

Absolu
1. Une nécessité *absolue* l'oblige à abandonner le projet.
2. J'avais en lui une confiance *absolue*.
3. Il est trop *absolu* dans ses jugements.

Déterminé
1. Avec des compagnons aussi *déterminés*, nous ne pouvions que réussir.
2. Il noircissait des pages sans intention *déterminée*.

Délicat
1. On nous servit les mets les plus *délicats*.
2. Elle était de santé *délicate*.
3. Nous allons aborder maintenant une question *délicate*.

Stérile
1. La moitié du pays était en terres *stériles*.
2. Ils se perdaient en efforts *stériles*.
3. La séance se prolongea en un débat *stérile*.

Curieux
1. Elle jeta sur la vitrine un regard *curieux*.
2. Quel *curieux* animal!
3. Il glissa par le trou de la serrure un regard *curieux*.

Difficile
1. On abordait un problème *difficile*.
2. Ce pic est d'accès *difficile*.
3. Elle avait l'avantage de ne pas être *difficile*.

Terne
1. Le chien me regardait d'un œil *terne*.
2. Il menait une existence *terne*.
3. L'autre personnage était plutôt *terne*.

6. *Trouvez, selon le contexte, un ou plusieurs synonymes du même nom en italiques.*

Bienfaits
1. On s'interroge souvent sur les *bienfaits* de la civilisation.
2. Elle fut mal récompensée de ses *bienfaits*.

Caractère
1. C'était un *caractère* autoritaire.
2. Il manque totalement de *caractère*.
3. Cette vieille ville a du *caractère*.

Circonstance
1. Dans cette aventure, une *circonstance* m'échappe.
2. Attendons des *circonstances* plus favorables.

Impression
1. J'ai conservé de ce séjour une *impression* de mélancolie.
2. Dans la cave, on éprouvait une *impression* de fraîcheur.

Œuvre
1. Il se mit aussitôt à l'*œuvre*.
2. La construction d'un tel barrage est une *œuvre* difficile.
3. L'*œuvre* poétique de V. Hugo est considérable.

Ordre
1. Vous rencontrerez souvent des difficultés du même *ordre*.
2. Il nous faut procéder avec *ordre*.
3. Ces nouvelles alarmantes ne peuvent que troubler l'*ordre* du pays.

Liberté
1. Vous avez toute *liberté* pour amender ce projet.
2. Il avait conservé sa *liberté* de jugement.

Issue
1. Il n'existait pas d'autre *issue* dans cette galerie.
2. Le problème était sans *issue*.
3. La mesure ne pouvait avoir d'autre *issue* que le mécontentement.
4. A l'*issue* de la réunion, une motion fut votée.

Intérêt
1. Cette solution présentait quelque *intérêt* matériel.
2. Il s'agissait d'éveiller l'*intérêt* de cet auditoire passif.
3. Cette déclaration était du plus haut *intérêt*.

7. *Si les verbes sont interchangeables, conservez-les, sinon, barrez celui qui ne convient pas.*

1. La loi permet la formation de commissions d'enquête pour ... la question (déchiffrer, élucider).
2. L'excavation fut rapidement... (bouchée, comblée).
3. Cette lacune dans son savoir fut rapidement ... (bouchée, comblée).
4. La branche fut ... (cassée, rompue).
5. Le jugement fut ... (cassé, rompu).
6. Avant l'expiration de sa peine, le prisonnier fut ... (délivré, libéré).
7. Les prisonniers faits par l'ennemi furent ... par nos troupes (délivrés, libérés).
8. Me voilà ... de mes soucis (délivré, libéré).
9. Le président ... aux problèmes de politique extérieure (s'adonnait, se consacrait).
10. Le malheureux ... à la boisson (s'adonnait, se consacrait).

8. *Même exercice pour les adjectifs.*

1. Un vase de cristal est ... (translucide, transparent).
2. Un verre dépoli est ... (translucide, transparent).
3. Une averse ... les obligea à se réfugier sous un porche (passagère, temporaire).
4. Il n'occupait dans l'usine qu'un emploi ... (passager, temporaire).
5. L'état ... de la région laissait à désirer (hygiénique, sanitaire).

6. Il faisait tous les matins une promenade ... (hygiénique, sanitaire).
7. On se félicitait de cette récolte ... (précoce, prématurée).
8. Il menait dans son château une vie ... (monacale, monastique).
9. Le jeune homme ne put s'habituer aux rigueurs de la vie ... (monacale, monastique).

9. *Même exercice pour les noms.*

1. La succession des enlèvements d'hommes politiques a causé un notable ... au gouvernement (dommage, préjudice).
2. On peut se fier à la ... de son jugement (sécurité, sûreté).
3. Il éprouve dans ce lieu retiré une impression de ... (sécurité, sûreté).
4. Mes documents sont en ... dans le coffre (sécurité, sûreté).
5. On avait prévu une usine pour ... des ordures (la combustion, l'incinération).
6. Sous ... de leur président, les promoteurs ont entrepris une campagne de publicité (l'impulsion, la poussée).
7. Le roman réaliste acquit rapidement la ... sur les œuvres d'imagination (primauté, priorité).
8. Il fallait donner la ... à cette affaire dans la discussion (primauté, priorité).
9. Il régla le partage avec un parfait ... (désintéressement, désintérêt).
10. Il apportait à la visite de cette exposition un total ... (désintéressement, désintérêt).

SYNONYMES ET DIFFÉRENCES DE SENS
corrigé p. 78

1. Placez le n° de la définition après la phrase renfermant le verbe en italiques qui répond à cette définition.

1. Du haut du rocher il *contemplait* l'océan.

Le perroquet me *dévisageait* de ses gros yeux.

Le capitaine écrivait sans se douter qu'à quelques mètres, l'œil d'un enfant l'*épiait*.

De sa longue-vue il *scrutait* l'horizon.

Matamore mit la main à la poignée de son immense rapière et s'avança vers Léandre qu'il *toisa* des pieds à la tête.

1. Observer en se cachant. - 2. Mesurer du regard avec dédain ou hostilité. - 3. Regarder longuement avec respect ou admiration. - 4. Regarder quelqu'un au visage avec une insistance déplacée. - 5. Observer attentivement pour découvrir quelque chose.

2. Ils arrivèrent sur la place de l'église qu'ils *contournèrent*.

Le cheval s'avança vers eux puis *fit volte-face*.

D'un coup d'aviron, il fit *pivoter* la barque.

Les flocons de neige *tourbillonnaient*.

Les feuilles descendent *en tournoyant*.

La voiture *vira* sur la gauche.

1. Tourner sur un point fixe. - 2. Changer de direction. - 3. Faire le tour. - 4. Faire plusieurs tours de suite. - 5. Faire plusieurs tours de suite rapidement. - 6. Se retourner du côté opposé à celui qu'on regardait.

3. Suivi de son valet, il *arpenta* la scène deux ou trois fois.

J'ai longtemps *cheminé* sur cette route monotone.

Les jeunes filles *déambulaient* trois par trois en se tenant par la taille.

Toute la matinée, j'*errai* mélancoliquement dans la maison vide.

Les loups affamés *rôdaient* autour de la cabane.

Je *trottinais* à côté de mon père en le tenant par la main.

1. Aller çà et là sans but. - 2. Aller çà et là avec de mauvaises intentions. - 3. Parcourir à grandes enjambées. - 4. Suivre régulièrement son chemin. - 5. Se promener à sa fantaisie. - 6. Faire de petits pas.

4. Des volées de moineaux *s'abattaient* sur cette moisson perdue.

Affalés sur la banquette, ils ronflaient.

Il grimpa sur le talus; la terre grasse *s'éboulait* sous ses semelles.

Les bûches calcinées commençaient déjà à *s'écrouler* par endroits.

Les bâtisses *s'effondreraient* si l'eau séjournait sur les toits.

Elle bute contre une souche, *s'étale* dans la boue.

1. Tomber par morceaux se détachant d'une masse. - 2. S'écrouler sous le poids supporté. - 3. Se laisser tomber brusquement. - 4. Se laisser tomber par lassitude (familier et péjoratif). - 5. Tomber lourdement en se brisant. - 6. Tomber de tout son long.

5. *Alléguer* le manque de personnel.

Invoquer un témoignage.

Objecter la difficulté du travail.

Prétexter un malaise.

1. Donner une raison apparente. - 2. Avancer un fait pour justifier. - 3. Appeler à l'aide pour se justifier. - 4. Opposer un fait à une affirmation.

6. *Déconsidérer* un adversaire.

Dénigrer un adversaire.

Diffamer un adversaire.

Discréditer un adversaire.

1. Imputer des défauts pour nuire. - 2. Affaiblir la confiance qu'on a dans la valeur, le crédit. - 3. Oter la considération, l'estime. - 4. Nuire à la réputation.

7. *S'efforcer* de trouver une solution

S'escrimer à trouver une solution.

S'évertuer à trouver une solution.

S'ingénier à trouver une solution.

1. Essayer avec effort. - 2. avec des moyens habiles. - 3. avec des efforts soutenus. - 4. avec des efforts désordonnés et peu efficaces (familier).

8. *Contester* la légalité d'une mesure.

Démentir une allégation.

Dénier le droit de porter un jugement.
Désavouer la paternité d'un libelle.

1. Déclarer faux ce qui est présenté comme vrai. - 2. Nier avec force. - 3. Refuser de reconnaître comme sien. - 4. Élever des doutes sur un droit.

9. *Démarquer* un des articles du journal.
Parodier une tragédie.
Pasticher un roman, un tableau.
Plagier une œuvre..

1. Imiter la manière d'un écrivain, d'un artiste. - 2. Emprunter à un écrivain, un musicien, des passages qu'on donne pour siens. - 3. Recopier un texte en le modifiant pour dissimuler l'emprunt. - 4. Contrefaire en ridiculisant.

10. *Compulser* un dossier.
Dépouiller un document.
Éplucher un texte.
Inventorier les livres rares d'une bibliothèque.

1. Étudier pour retenir tout ce qui intéresse. - 2. Étudier pour connaître le contenu. - 3. Étudier pour trouver des renseignements, des vérifications. - 4. Étudier avec soin pour voir ce qu'il y a à critiquer (légèrement familier).

11. Il n'y a pas lieu d'*atermoyer*.
de *différer* notre décision.
de *temporiser*.
de *tergiverser*.

1. Remettre à plus tard. - 2. Remettre à plus tard par calcul, dans l'attente d'un moment plus favorable. - 3. Remettre à plus tard pour gagner du temps. - 4. Remettre à plus tard par faiblesse ou mauvaise volonté.

2. Placez le nº de la définition après l'adjectif qui y répond.

1. Un compagnon de voyage *communicatif*.
expansif.
exubérant.

1. Qui ne peut contenir ses sentiments. - 2. Qui manifeste ses sentiments par des démonstrations excessives. - 3. Qui aime se confier.

2. Un peuple *agressif.*
               belliqueux.
               belliciste.
               combatif.

1. Qui aime la guerre. - 2. Qui ne craint pas la lutte. - 3. Qui aime attaquer sans être provoqué. - 4. Qui préconise le recours à la guerre pour régler les différends.

3. Un orateur *loquace.*
               prolixe.
               verbeux.
               volubile.

1. Qui s'exprime en apportant des circonstances, des détails superflus. - 2. Qui parle volontiers. - 3. Qui parle avec abondance et rapidité. - 4. Qui expose les faits en trop de mots, souvent vides de pensée.

4. Un exposé *concis.*
               laconique.
               sommaire.
               succinct.

1. Qui n'est pas détaillé. - 2. Qui exprime la pensée en peu de mots. - 3. Qui exprime la pensée en trop peu de mots. - 4. Qui n'est pas détaillé mais laisse entrevoir des développements possibles.

5. Un jeune homme *fat.*
                   prétentieux.
                   suffisant.

1. Qui a une confiance exagérée en ses moyens. - 2. Qui témoigne d'une sotte satisfaction de soi-même. - 3. Qui manifeste dans son attitude une excessive satisfaction de soi.

6. Un procédé *archaïque.*
Des institutions *périmées.*
Une mode *surannée.*
Un immeuble *vétuste.*

1. Qui a cessé d'être en usage. - 2. Qui appartient à une époque dépassée. - 3. Vieux et détérioré par le temps. - 4. Qui date d'une époque ancienne.

7. Un homme *paisible*.
　　　　　　pacifique.
　　　　　　placide.
　　　　　　pondéré.

1. Qui perd difficilement son calme. - 2. D'humeur douce. - 3. Qui aime vivre en paix avec les autres. - 4. Mesuré dans ses jugements et ses actes.

8. Une joie *éphémère*.
　　　Une sensation *fugace*.
　　　Un sourire *fugitif*.
　　　Un effet *momentané*.

1: Qui ne dure pas mais peut se renouveler. - 2. Qui passe si vite qu'on ne peut en prendre conscience. - 3. De peu de durée. - 4. Qui passe très vite et sans retour.

9. Un journal *clandestin*.
　　　Un avis *confidentiel*.
　　　Un sourire *énigmatique*.
　　　Un geste *furtif*.
　　　Un mal *latent*.

1. Qu'on communique comme secret. - 2. Qui se fait vite en échappant à l'attention d'autrui. - 3. Qui n'est pas apparent mais se manifeste tôt ou tard. - 4. Qui se fait en cachette. - 5. Difficile à comprendre.

10. Un prêteur *finaud*.
　　　　　fourbe.
　　　　　perfide.
　　　　　retors.

1. Rusé sous des dehors simples et honnêtes. - 2. Qui trompe la confiance qu'on a en lui. - 3. Qui sait trouver des moyens compliqués pour se tirer d'affaire. - 4. Rusé et hypocrite.

11. Un air *arrogant*.
　　　　condescendant.
　　　　désinvolte.
　　　　insolent.

1. Qui manifeste, par une sorte de défi, un manque de respect injurieux. - 2. Qui a des manières trop libres. - 3. Qui manifeste un orgueil autoritaire. - 4. Qui consent en donnant l'impression de faire une faveur.

3. Placez le numéro de la définition après la phrase renfermant le nom en italiques qui répond à cette définition.

1.   Il remonta l'appareil avec *dextérité*.

Avec un peu de *doigté*, il se tirait d'affaire.

Il déploya en l'occurrence beaucoup d'*ingéniosité*.

On admirait la *virtuosité* de la violoniste.

1. Adresse à se conduire dans ses rapports avec les autres. - 2. Qualité d'un esprit fertile en ressources. - 3. Aisance d'exécution notamment avec les doigts. - 4. Extrême habileté technique dans un art ou dans un métier.

2.   Il prenait de l'*ascendant* sur ses condisciples.

Il avait usé de son *crédit* auprès du maire pour obtenir cette autorisation.

L'*emprise* de cet écrivain était grande sur la jeunesse.

L'auteur jouissait d'un grand *prestige*.

1. Influence fondée sur la confiance qu'on inspire. - 2. Attrait exercé sur autrui par une situation ou des actions brillantes. - 3. Influence due à une supériorité intellectuelle ou morale. - 4. Domination intellectuelle ou morale exercée par quelqu'un sur une personne ou une chose.

3.   Devant la *carence* des chefs, ils prirent le commandement des isolés.

Sa *déficience* mentale est due à une triste ascendance.

Nous avons vécu les années d'occupation dans un complet *dénuement*.

Après ces mois de sécheresse viendra la *disette*.

Nos descendants connaîtront peut-être la *pénurie* des matières premières essentielles.

1. Insuffisance physique ou intellectuelle. - 2. Fait de manquer aux devoirs de sa fonction. - 3. Extrême pauvreté. - 4. Manque des choses nécessaires et en particulier de vivres. - 5. Manque total des choses nécessaires.

4.   Ils se lancèrent dans une interminable *controverse* sur ce problème urgent.

Je m'appliquais à ne pas passionner le *débat*.

Les journaux ouvrirent une *polémique* qui ne fit qu'aggraver la situation.

1. Discussion entre deux ou plusieurs interlocuteurs qui font valoir leurs raisons. - 2. Discussion violente à propos d'une question. - 3. Discussion suivie motivée par des interprétations différentes d'une question.

5. Les deux partis agissaient en parfaite *intelligence*.

La France ne saurait redouter une *collusion* de ces deux grandes puissances.

Une *connivence* s'était établie entre les prisonniers et leur gardien.

La *complicité* de l'employé était certaine.

1. Participation à une faute, un crime commis par un autre. - 2. Complicité consistant à garder le silence sur la faute de quelqu'un en vue de l'aider. - 3. Entente secrète au préjudice de quelqu'un. - 4. Entente pour un but commun.

6. Il jouissait de la *considération* de tout le village.

Ils traitaient leur vieux maître avec *déférence*.

Étant donné son âge, il avait droit à certains *égards*.

Elle nous accueillait toujours en multipliant les *prévenances*.

1. Attention portée à autrui. - 2. Attention délicate. - 3. Respect dû à la reconnaissance d'une supériorité. - 4. Haute opinion qu'on a de quelqu'un.

7. Nous l'avions par *antiphrase* surnommé « l'athlète ».

«Il nous a quittés » est un *euphémisme* pour : « Il est mort ».

« Son procédé n'est guère courtois », pour « est grossier », est une *litote*.

1. Expression qui dit peu pour suggérer beaucoup. - 2. Expression atténuée d'une idée dont la notation directe est déplaisante. - 3. Appellation ironique contraire à celle qui convient.

4. Trouvez, à l'aide des préfixes donnés, le synonyme du verbe en italiques qui répond à la définition.

1. Les chefs *poussaient* les militants à la lutte.
ex... = pousser avec vigueur par la parole.

2. J'ai toujours *signalé* cette conception de la science comme non seulement étriquée, mais erronée.
dé... = signaler avec vigueur des faits condamnables.

3. Modérée au début, la polémique *se transforma* en lutte ouverte.
dé... = se transformer en une chose plus fâcheuse.

4. Les généraux se proposaient de *devancer* l'insurrection.
pré... = devancer pour empêcher.

5. Il *accepta* d'un hochement de tête.
ac... = accepter sans réserves.

6. Un passant interrogé sur l'existence du château *avoua* son ignorance.
con(f)... = avouer en se le reprochant.

7. Avec l'aide de jeunes volontaires, on entreprit de *réparer* la chapelle.
re... = réparer pour lui rendre l'apparence, la beauté.

8. Ne cherchez donc pas à *éviter* ma question.
é... = éviter par des faux-fuyants.

9. Le boxeur cherchait à *éviter* le fameux crochet.
es... = éviter par un écart leste.

10. Une police secrète veillera sans doute à ce que le pays n'abuse pas des libertés *accordées*.
con(s)... = accorder à titre de faveur à des inférieurs.

11. L'avocat a *répliqué* que son client n'était pas à Paris lors de l'incident.
ré... = expliquer en retournant l'argument dont s'est servi l'adversaire.

12. Il *recommandait* cette méthode.
pré... = recommander avec insistance.

13. Plus surprenante est l'attitude que ce chef de gouvernement *montre* à l'égard des États-Unis.
af... = montrer avec ostentation, faire étalage.

5. Trouvez, à l'aide des préfixes donnés, le synonyme de l'adjectif qualificatif en italiques qui répond à la définition.

1. Un coup d'œil *prudent.*
circon... = d'une prudence réfléchie.

2. Des pièces *voisines.*
con... = qui se touchent.

3. Un jeune homme *oisif.*
dés... = qui ne sait à quoi s'occuper.

4. Un bruit *inhabituel.*
in... = qui étonne par son caractère inhabituel.

5. Un prix *modique,* une gratification *modique.*
dé... = ridicule de modicité.

6. Un usage *ancien.*
im... = si ancien qu'on en ignore l'origine.

7. Une visite *importune.*
in... = qui gêne parce qu'elle ne vient pas à propos.

8. Une prospérité *trompeuse.*
il... = qui trompe par une fausse apparence.

9. Un breuvage *plat.*
in... = qui n'a aucun goût.

10. Un témoin *froid.*
im... = qui ne manifeste aucune émotion.

11. Un jugement *sûr.*
in... = qui ne peut absolument pas se tromper.

12. Une opinion *déroutante.*
para... = contraire à la manière habituelle de penser.

13. Des intérêts *opposés.*
ant... = qui se contrarient jusqu'à entraîner une lutte.

6. Trouvez, à l'aide des suffixes donnés, le synonyme de l'adjectif en italiques qui répond à la définition.

1. Une mine *inquiétante.*
... aire : qui dénote un individu peu recommandable.

2. Des gains *incertains.*
... oires : qui dépendent uniquement du sort.

3. Un travail *lucratif.*
... teur : qui procure un gain.

4. Le point *sensible* de l'affaire.
... able : qui peut être facilement touché, blessé.

5. Une mère *économe*.
... ieuse : d'une économie portant jusque sur les plus petites choses.

6. Un caractère *changeant*.
... ile : sujet à de brusques changements d'idées.

7. Un produit *étranger*.
... ique : qui provient d'un pays étranger et lointain.

8. Une indifférence *visible*.
... ible : que l'on cherche à montrer.

9. De *sages* conseils.
... ieux : qui témoigne d'un bon jugement.

10. Un ennemi *impitoyable*.
... able : dont on ne peut désarmer la dureté.

7. Trouvez, à l'aide de la famille du mot indiqué pour chaque question, le synonyme de l'adjectif en italiques qui répond à la définition.

1. Une aide *volontaire*.
...; famille de *vouloir* : qui rend service sans en tirer profit.

2. Un chat *affamé*.
...; famille de *faim* : qui souffre continuellement de la faim.

3. Une affirmation *inexacte*.
...; famille d'*erreur* : qui est entaché d'erreur.

4. Un interlocuteur *silencieux*.
...; famille de *taire* : habituellement silencieux par caractère ou humeur.

5. Un cheval *indocile*.
...; famille de *rester* : qui s'arrête ou recule au lieu d'avancer.

6. Une nouvelle *plausible*.
...; famille de *vrai* : qui est à bon droit considéré comme vrai.

8. Trouvez, à l'aide des préfixes donnés, le synonyme du nom er italiques qui répond à la définition.

1. Les guerres ont toutes sortes de *causes*.
pré ... : cause apparente qui cache la vraie.

2. Ce conflit social risque d'avoir des *conséquences* politiques.
ré... : conséquences qui se font sentir par un choc en retour.

3. Un *accord* a été conclu.

com... : accord résultant de concessions mutuelles.

4. Il ne parlait qu'avec *respect* à ce collègue.

dé ... : respect accordé à la conscience d'une supériorité.

5. Rien ne peut justifier les *affirmations* selon lesquelles l'agent secret aurait trahi.

al ... : affirmations avancées comme justifications.

6. Ce discours contient des *développements* à première vue surprenants.

di... : développements qui s'écartent du sujet.

7. Il avait une fâcheuse *tendance* à la critique.

pro... : tendance très forte.

8. L'explorateur avait été frappé par la *différence* des mœurs entre les deux tribus.

dis(p) ... : défaut frappant d'accord.

9. Sa *préférence* allait aux romans historiques.

pré ... : préférence marquée.

10. Je n'en finirais pas d'évoquer les *incidents* de notre traversée.

péri ... : fait imprévu qui change le cours des choses.

11. Le *trouble* régnait dans la ville.

dés ... : trouble profond.

12. Il y avait un *intervalle* entre les rochers.

inter ... : petit espace vide.

13. Il fallait ne pas aggraver les *divisions* au sein du parti.

dis... : désaccord profond qui se traduit par des actes hostiles.

14. Le gouvernement restait dans l'*attente*.

ex ... : attente prudente qui consiste à ne pas prendre parti avant l'intervention d'une solution.

1. Trouvez, à l'aide des préfixes donnés, le synonyme de sens péjoratif du verbe en italiques qui répond à la définition.

1. Être *vêtu* d'une veste trop longue.
af ... : habillé d'une manière ridicule.

2. *Consentir* à renseigner.
con ... : consentir en donnant l'impression de faire une faveur.

3. *Soupçonner* d'une participation à l'attentat.
sus ... : soupçonner avec une défiance que l'on croit fondée.

4. *Obtenir* une promesse, un aveu.
ex ... : obtenir par la menace, la violence ou un abus de confiance.

5. *Montrer* de l'indifférence, du dédain.
af ... : montrer avec ostentation.

6. *Préparer* sa vengeance.
pré ... : réfléchir longuement avant d'accomplir.

2. Choisissez dans la liste suivante le synonyme de sens péjoratif du verbe en italiques qui répond à la définition :

aduler, fomenter, pérorer, quémander, ratiociner, spolier, usurper.

1. *Susciter* des troubles (complot, agitation, rébellion, querelle).
... : susciter secrètement.

2. *S'emparer* du pouvoir, de droits, d'un titre.
... : s'emparer d'une manière illégitime.

3. *Solliciter* un emploi, une faveur.
... : solliciter avec humilité.

4. *Déposséder* d'un héritage, d'un bien.
... : déposséder par violence ou par fraude.

5. *Raisonner* sur les conséquences d'une mesure.
... : se perdre en raisonnements subtils et sans fin.

6. *Discourir* pendant des heures.
... : discourir d'une manière satisfaite.

7. *Flatter* les hommes en place.
... : flatter servilement.

1. Défavorable, dépréciatif. Il va sans dire qu'on en rencontre ailleurs dans le livre.

3. *Choisissez dans la liste suivante le synonyme de sens péjoratif de l'adjectif en italiques qui répond à la définition :*

étique, étriqué, exigu, hâtif, imbu, obséquieux, simpliste, vétilleux.

1. Une chambre *petite*.
... : trop petite.
2. Un veston *étroit*.
... : trop étroit.
3. Un cheval *maigre*.
... : trop maigre.
4. Un jugement *rapide*.
... : trop rapide.
5. Un aubergiste *poli*.
... : trop poli.
6. Un raisonnement s*imple*.
... : trop simple.
7. Être *pénétré* de sa supériorité.
... : trop pénétré.
8. Une critique *minutieuse*.
... : trop minutieuse.

4. *Même exercice.*

alambiqué, aventureux, besogneux, douceâtre, élimé, pervers, pudibond, sectaire.

1. Des vêtements *usés*.
... : usés par le frottement.
2. Un artiste *pauvre*.
... : dans une grande gêne.
3. Un geste *pudique*.
... : d'une pudeur affectée.
4. Une saveur *douce*.
... : d'une douceur fade.
5. Des instincts *malfaisants*.
... : malfaisants avec raffinement.
6. Un esprit *intolérant*.
... : d'une intolérance étroite.
7. Des phrases *recherchées*.
... : recherchées au point de devenir obscures.
8. Un commerçant *audacieux*.
... : qui se lance dans des entreprises risquées.

5. Choisissez dans la liste suivante le synonyme de sens péjoratif du nom en italiques qui répond à la définition :

argutie, cohue, duplicité, faction, intrusion, masure, racontar, sarcasme, sensiblerie, utopie, velléité.

1. Il réussit à se frayer un chemin dans la *foule*.
... : foule confuse.

2. A côté des pimpantes villas subsistaient de *vieilles maisons*.
... : vieilles maisons délabrées.

3. Cette *fausseté* me mettait hors de moi.
... : fausseté d'une personne dont les pensées ne sont pas en accord avec l'attitude.

4. De nombreux *partis* se disputaient le pouvoir.
... : groupes se livrant à une activité fractionnelle au sein d'un parti.

5. Il me fallut endurer ses *railleries*.
... : railleries mordantes.

6. Son *désir* d'indépendance fit long feu.
... : volonté faible, hésitante (pluriel).

7. Il se perdait en *arguments* sans nous convaincre.
... : arguments d'une subtilité excessive.

8. Comment pouvez-vous accorder crédit à ces *propos?*
... : propos qui ne reposent sur rien de sérieux.

9. C'est une *illusion* que de vouloir faire régner la paix dans le monde.
... : projet imaginaire qui ne tient aucun compte de la réalité.

10. L'*entrée* de ce groupe dans notre réunion lui fit perdre son caractère amical.
... : entrée sans droits, sans invitation.

11. Ces comédies larmoyantes qui ne nous touchent plus guère répondaient à la *sensibilité* du public.
... : sensibilité outrée et déplacée.

SYNONYMES ET DEGRÉ

corrigé p. 79

1. Trouvez un synonyme plus fort que le verbe en italiques.
Ex. : Je *regrette* son échec : je *déplore* son échec.

1. Parfois, aux heures de pointe, l'affluence des curieux *trouble* l'activité de l'aéroport.
2. On le menaça de l'*exclure* de la salle.
3. Il *détestait* cette ville.
4. Il était *tiraillé* entre ces deux passions.
5. On vit à ces mots son visage *s'éclairer*.
6. Elle n'imaginait pas qu'elle pourrait à ce point l'*irriter*.
7. Dès son enfance on l'avait habitué à *respecter* leur souvenir.
8. Cette dure besogne ne fut pas pour lui *déplaire*.
9. Ce grand deuil nous laisse tous *attristés*.
10. Son audace nous *étonna*.
11. Habilement, il parvenait à *intéresser* son petit auditoire.
12. Ils *réclamaient* fièrement leurs droits.
13. On n'imagine pas les sommes qu'il *gaspilla*.
14. L'orateur avait successivement *condamné* l'attitude de tous les gouvernements européens.

2. Trouvez un synonyme plus fort que l'adjectif en italiques.
Ex. : Une eau *claire* : limpide.

1. Un texte *obscur*.
2. Des propos *vifs*.
3. Un abord *froid*.
4. Des bras *longs*
5. Un accueil *chaleureux*.
6. Une viande *dure*.
7. Un ton *sec*.
8. Une émotion *vive*.
9. Un dénouement *prochain*.
10. Un règlement *sévère*.
11. Un geste *impoli*.
12. Une blessure *sérieuse*.
13. Une décision *ferme*.
14. Une remarque *fine*.
15. Un commerce *prospère*.
16. Un regard *inquiet*.

17. Un jugement *injuste*.
18. Un équipement *disparate*.
19. Une scène *émouvante*.
20. Une tâche *difficile*.
21. Un résultat *fâcheux*.
22. Un visage *affreux*.
23. Un repas *abondant*.
24. Sa *dernière* recommandation.

3. Trouvez un synonyme plus fort que le nom en italiques. Ex. :
Il nous fournit sur l'événement une *abondance* de détails :
une *profusion*.

1. Il accepta notre aide avec *reconnaissance*.
2. Un tel *dévouement* tournait à l'...
3. A cause de sa *négligence*, cette affaire prospère périclita.
4. Par moments, sa *mollesse* devenait une véritable ...
5. La fillette observait le collier avec des yeux brillants d'*envie*.
6. On le jugeait avec *indulgence*.
7. La *défaite* des armées tournait au ...
8. On se demandait avec *anxiété* si l'équipe de secours arri-
verait à temps.
9. Il manifestait du *dédain* à mon égard.
10. C'était un artiste de *talent*.

SYNONYMES ET NIVEAUX DE LANGUE
corrigé p. 80

1. Dans les phrases suivantes, extraites de la presse, remplacez le mot ou l'expression en italiques par un terme moins familier.

1. Ce serait bien *le diable* si l'on ne parvenait pas à trouver une solution.

2. Ayant visiblement *repris du poil de la bête*, l'opposition parvient à regrouper les adversaires du régime.

3. Méfiez-vous du *bagout* de ce camelot *roublard*

4. Ce décor réaliste n'est pas un *truc* pour *épater* le public.

5. C'est le langage que tiennent la plupart des diplomates tandis que leurs gouvernements essayent de s'accommoder, parfois *en rechignant*, des décisions du chef de l'État.

6. C'était méconnaître le tempérament de la vedette qui n'allait pas *rater* l'occasion d'éblouir ses *fans* devant des millions de téléspectateurs.

7. L'employé avait commis un certain nombre de *bourdes*.

2. Choisissez dans la liste suivante le synonyme moins courant qui correspond au verbe en italiques :
aller, convertir, croître, dispenser (2 fois), égarer, hâter, œuvrer, poursuivre, présager, recouvrer, tenter.

1. Des chardons *poussaient* au pied du mur.

2. Je m'étais *perdu* dans ces ruelles.

3. Il avait d'abord *essayé* de résister.

4. La pièce était si sombre que même dans le fort de l'été, on ne pouvait *s'empêcher* de l'éclairer.

5. Devant l'intérêt que provoqua l'expérience, il *continua* ses travaux.

6. Les marchés des changes ont *retrouvé* un calme relatif.

7. Elle se *dépêchait* de remettre la pièce en ordre.

8. Il *a été* se promener.

9. Ils ont *travaillé* pour l'avenir du pays.

10. Les écoles surpeuplées ne *donnaient* plus qu'un enseignement sommaire.

11. Il y avait là une écurie *transformée* en garage.

12. Au cours des derniers mois, diverses mesures ont laissé *prévoir* la réconciliation des deux pays.

3. Trouvez, à l'aide du préfixe, le synonyme moins courant qui correspond au verbe en italiques.

1. Après quelques instants, ses yeux *s'habituèrent* à l'obscurité.
ac...

2. Loin de *se calmer*, la tempête faisait rage.
ap...

3. Les prêts *accordés* auraient dû être remboursés.
con...

4. Le goût de l'observation est le propre du journaliste, mais il n'*empêche* pas le goût de l'action.
ex...

5. Dans sa thèse, il *fixe* comme première tâche à l'homme d'État de bien saisir le rapport des forces.
as...

6. La presse devrait pouvoir s'exprimer sans *risquer* les foudres des tribunaux.
en...

7. Il manque des images simples et justes pour que le grand public *arrive* à une meilleure connaissance de la réalité.
ac...

8. Beaucoup *discutent* la nécessité du progrès technique.
con...

9. Ces allusions *poussent* à se demander s'ils n'ont pas changé d'opinion.
in...

10. Le gouvernement a été *forcé* d'accepter le débat.
con...

11. Cet équilibre risque d'être *menacé* dans les années à venir.
com...

12. Il avait été *enterré* au Père-Lachaise.
*b*n...

4. Choisissez, dans la liste suivante, le synonyme moins courant qui correspond à l'adjectif en italiques :

aisé, ascendant, exhaustif, fortuit, hostile, immodéré, imputable, initial, issu, onéreux, pécuniaire, prééminent, propice, rémunéré, tributaire.

1. Le *premier* projet est réduit d'environ un tiers.

2. Il est *opposé* à toute modification.

3. Un tel climat n'est pas *favorable* au développement des négociations.

4. C'est une rencontre purement *accidentelle*.

5. Le travail du spécialiste est bien *payé*.

6. A cette époque, notre pays occupait en Europe une place *prédominante*.

7. Les importations ont suivi une courbe *montante*.

8. On assiste à la naissance d'une classe ouvrière directement *sortie* de la société pastorale.

9. Tous les enlèvements ne sont pas *attribuables* aux guérilleros.

10. Il traversait une période de sérieux ennuis *financiers*.

11. Les agriculteurs européens sont presque exclusivement *dépendants* des États-Unis pour leur approvisionnement en soja.

12. Il est *facile* de prouver qu'il était absent ce jour-là.

13. Cette énumération est loin d'être *complète*.

14. Ce voyage était trop *coûteux* pour qu'il puisse se l'offrir.

15. Il avait un goût *exagéré* du luxe.

5. Choisissez, dans la liste suivante, le synonyme moins courant qui correspond au nom en italiques :

comportement, devancier, éventualité, fébrilité, hypothèse, mécomptes, médiateur, négoce, notion, occurrence, penchant, pléthore.

1. On envisage la *possibilité* d'un échec des pourparlers.

2. Le savant avait profité des recherches de ses *prédécesseurs*.

3. Cette dernière *supposition* paraît peu vraisemblable.

4. Il devait sa fortune au *commerce*.

5. Il ignorait en peinture les *connaissances* les plus élémentaires.

6. Il compulsait le guide avec *nervosité*.

7. Il y avait *surabondance* de projets.

8. Elle avait un certain *goût* pour la danse.

9. Son *attitude* était inquiétante.

10. Cette affaire ne nous a causé que des *déceptions*.

11. On le choisit comme *arbitre* dans le conflit.

12. En la *circonstance*, il ne sut pas conserver son sang-froid.

CONTRAIRES
corrigé p. 80

1. Trouvez un contraire du verbe en italiques. Ex. : Il *affirmait*
être sorti : il *niait* être sorti.

1. La direction n'a jamais *confirmé* ni ... l'éventualité d'un
accord.

2. Il faut du courage pour les *dissuader* d'accepter cette offre.

3. Les détournements d'avions *servent* la cause des pirates.

4. On ne pouvait *affronter* la question.

5. Le tribunal *admit* son objection.

6. Il n'hésita pas à *se concilier* les plus bruyants protestataires.

7. Allait-on *conclure* cette alliance?

8. Ils *acceptèrent* son offre.

9. On avait *prescrit* l'emploi de ce dispositif.

10. Ces déclarations semblaient *impliquer* un refus.

11. Pour ma part, j'avais *approuvé* le projet.

12. Cette maladie n'a cessé de *progresser*.

13. Il ne s'agit pas de *grossir* cette affaire.

14. Cette allocution avait été *préparée*.

15. Les pourparlers ont *abouti*.

16. Ce grand talent était *reconnu*.

2. Trouvez un contraire de l'adjectif en italiques. Ex. : Il était
de santé *précaire : robuste*.

1. Comment harmoniser le régime des importations qui ici
est *libre*, ailleurs ...

2. Le chercheur avait fait le tri entre les particules réellement
dangereuses et celles qu'on peut considérer comme ...

3. Ce qui était *implicite* dans l'accord précédent devient ...
cette fois-ci.

4. Ils témoignaient à notre égard d'une attitude *bienveillante*.

5. Ses réflexions prenaient souvent un tour *optimiste*.

6. Notre voisin était *avare* de confidences.

7. De *rurale* la population est devenue ...

8. Nous découvrions son esprit *enjoué*.

9. Nous attendions d'elle cette réponse *équivoque*.

10. Ces faits étaient *antérieurs* à notre installation.

11. Il fut servi par son caractère *impulsif*.

12. Nous dûmes faire honneur à ce repas *frugal*.

13. La question était *simple*.

14. Il fallait compter avec ce caractère *rigide*.

15. Nous aurons eu une année *studieuse*.

16. Il s'appuya sur les tribus *belliqueuses*.

17. On refusa son aide *bénévole*.

18. La lettre était d'un style *gauche*.

19. Voici la reproduction *intégrale* du texte proposé.

20. C'était de sa part un geste *méritoire*.

21. Il trouvait ce travail *agréable*.

22. L'entreprise était *bénéficiaire*.

3. Trouvez un contraire du nom en italiques. Ex. : L'autorisation était formelle : l'interdiction ...

1. *Pénurie* ici, ... ailleurs; l'eau, matière première vitale, est décidément la chose du monde la moins bien partagée.

2. Le ministre a souligné sur plusieurs grandes questions les *convergences* de vues entre les deux gouvernements.

3. L'*harmonie* régnait au sein de la famille.

4. Il regarda le dossier avec *négligence*.

5. La *hauteur* de ses vues frappa l'auditoire.

6. Il s'exprimait toujours avec *concision*.

7. Ses affaires connaissaient la *prospérité*.

8. La *mesquinerie* de son offre nous surprit.

9. Ils distribuaient les vivres avec *parcimonie*.

10. Les ventes accusaient une nette *progression*.

11. Il n'avait jamais autant fait preuve d'*égoïsme*.

12. C'était là véritablement l'*aube* d'une époque.

13. Il ne faisait pas preuve en cette occasion de *largeur* d'esprit.

14. Il nous surprenait par la *banalité* de ses propos.

15. L'*éloignement* des deux villes ne facilitait pas les problèmes.

16. La *symétrie* des fenêtres nous frappa.

17. Les circonstances ont fait de nous leur *créancier*.

18. Il fallait procéder à l'*analyse* des renseignements.

19. La *réalité* dépasse la ...

20. Ce style contient trop de *néologismes*.

4 | Corrigé

Ne confondez pas...

HOMONYMES (p. 7-9)

1. Il a acquis - pour acquit - son acquis - par acquit de conscience - les acquis.
2. Le cheval avait buté contre - On avait butté - Buté ...
3. Les cahots de l'ambulance - Ce chaos de pierres - Le chaos régnait - Les cahots d'une carrière politique - Ce chaos d'arguments.
4. Nul n'est censé - En homme sensé - Je ne suis pas censé - Il était censé.
5. A la prochaine session - Il avait fait cession.
6. Son costume détonnait - Cette écharpe détonne - n'en détonneront pas moins - Faire détoner.
7. Au fond des choses - son fonds - un fonds de santé - le fond de l'affaire - le fonds de la langue - manger son fonds - son fonds de terre.

PARONYMES (p. 10-17)

1. Emmenant tous ses partisans - Il amena ou emmena (selon le sens).
2. Ennoblissaient - s'anoblir - un nez aquilin ennoblissait.
3. Les nappes aquifères - Des oiseaux aquatiques.
4. Le soleil coloriait - L'enfant coloriait.
Nom dérivé de colorer : coloration.
De colorier : coloriage.
5. Se révélait moins compréhensif - était compréhensible - fut plutôt compréhensif - parfaitement compréhensible - direct et compréhensif.
6. La conjoncture présente - nous nous perdions en conjectures - au gré de la conjoncture - fondant sa conjecture - mille conjectures - Sa conjecture.
7. Depuis des décennies - La première décade - Elle prend des décennies.
8. De démythifier l'or - de démythifier le personnage - Il est temps de démystifier - Démythifier des événements.
9. La raison officiellement invoquée - nous évoquions - la société a invoqué - le projet ... a été évoqué - sont évoqués.

10. *Noms pouvant s'associer à* funèbre *au sens propre :* chant, convoi, hommage, honneurs, marche, oraison, pompes, service, veillée.
Noms pouvant s'associer à funéraire : colonne, couronne, croix, drap, fleurs, frais, magasin, monument, urne.

11. Par une gradation - cette gradation - une gradation - la graduation.
Verbe correspondant à ces deux noms : graduer.

12. L'inclinaison - affligé d'une légère inclinaison - Elle nous approuva d'une légère inclination - une vive inclination - L'inclinaison.

13. Les brigands infestaient - infectaient l'air - infestée de requins - l'usine infectait.

14. A la police judiciaire - aux études juridiques - L'enquête judiciaire - une solide formation juridique - des poursuites judiciaires.

15. Une certaine largeur de vues - ses largesses - avec largesse - Sa largeur d'esprit.

16. Incidents notables - une injustice notoire - une notable élévation - une avarice notoire - un mécène notoire - un escroc notoire - Pas d'objection notable.

17. Se laisser opprimer - l'oppressait - qu'on opprime - oppressait - les plus opprimées.
Nom d'action qui correspond aux deux verbes : oppression.
Adjectif qui correspond à oppresser : une chaleur oppressante - Des souvenirs oppressants.
A opprimer : des mesures oppressives.

18. Pour personnaliser - qui ont personnifié - cet artisan personnifie.

19. Une compagnie pétrolière - Des produits pétroliers - Des prospections pétrolières - Un gisement pétrolifère - Un champ pétrolifère.

20. De plier - Les branches plient ou ploient - Il dut plier ou ployer - plier bagage - pliant ou ployant.

21. Les prémices d'une amitié - vos prémisses.

22. Des fatigues prolongées : la prolongation des fatigues.
Un débat prolongé : la prolongation du débat.
Une autoroute prolongée : le prolongement d'une autoroute.
Une existence prolongée : la prolongation d'une existence.

23. Ce n'était rien moins qu'un orateur - n'était rien de moins qu'un aventurier - n'était rien moins qu'éloquent - rien de moins qu'insolent.

24. Une véritable sujétion - une simple suggestion - sous la sujétion - un certain nombre de suggestions - une sujétion insupportable.

25. Nous a stupéfiés - Il demeurait stupéfait ou stupéfié - Je fus stupéfait ou stupéfié de son attitude - Je fus stupéfié par son attitude - Stupéfait ou stupéfié - On l'aurait stupéfié.

Écrivez le français de votre temps

GLISSEMENTS DE SENS A ÉVITER (p. 18-25)

1. *a.* Si le touriste ... Dilemme
Il se demandait ...   Alternative
Il s'agit ...   Problème.

b. Deux possibilités ou éventualités ou solutions - Une alternative - Il n'y a pas d'alternative - L'alternative proposée était également embarrassante - Deux possibilités ou éventualités.

2. Antidaté - Postdaté.

3. Je vous assure qu'il a été content - Je vous assure qu'il est content - Je vous assure ou promets qu'il sera content - Je vous assure que nous n'avons pas.

4. Dernier avatar - des avatars - sans incidents - nos mésaventures - bien des avatars.

5. L'affaire était importante - Il était conséquent - Des sommes élevées (importantes, considérables) - C'était un commerçant conséquent - C'était pour le village un commerçant important.

6. Le journal a démenti - Cette accusation avait été controuvée.

7. La crédibilité s'impose - La crédibilité de cette nouvelle - N'offrait aucune crédibilité - *On modifiera ainsi la dernière phrase :* on pouvait douter du gouvernement.

8. Le commissaire commença l'enquête - L'enquête débuta ou commença sur-le-champ - Le concert débute ou commence par une symphonie - Elle commençait par dresser la liste des invités - Pour commencer, il nous pria d'être très attentifs.

9. Le fil excessivement tendu - Excessivement grêle - Extrêmement spirituel - Excessivement poli - Extrêmement adroit.

10. 1° Grâce à ses conseils - à cause de, à la suite de, par suite d'une erreur - grâce à la déclaration - c'est à cause de lui.
2° Il me gratifia - L'agent me dressa contravention - Nous fûmes tous gratifiés.
3° Il possède de maigres revenus - Il jouit de l'estime de tous.

11. Concentration de l'habitat - A l'habitation, au logement - L'habitation, le logement - L'habitat rural.

12. Il était encore ingambe.
Il était devenu impotent.

13. Au niveau des élèves - En ce qui concerne, du point de vue de la psychologie - En ce qui concerne l'adverbe - Au niveau des ministres - En ce qui concerne, du point de vue de, dans le domaine des industries agricoles.

14. Neutraliser ce projet - Neutraliser cette propagande - Neutraliser les trois-quarts - Maîtriser le meurtrier.

15. L'infanterie a récupéré - On pourrait récupérer - J'ai retrouvé les clefs - J'ai pris ces pommes - La police a récupéré - Récupérer ses forces - Qu'on avait récupérées.

16. Il risque fort - L'équipe a des chances.

17. Le soi-disant voyageur - Le soi-disant docteur - Le prétendu mort - Le prétendu escroc - Le prétendu parc - Le prétendu tableau.

18. Mon cousin arrive soi-disant à huit heures - Le car arrive prétendument, censément, dit-on (ou : le car est censé arriver) - Cet arbre était, croyait-on, prétendument - La tour atteindrait, disait-on - Soi-disant pour nous aider.

19. Taxer de partialité, de faiblesse, de négligence.

20. Un roman de valeur - La psychologie est remarquable - Ce comptable est vraiment compétent - de meilleur - Écrivains célèbres, remarquables, de valeur - Des interlocuteurs qualifiés.

MOTS OU EMPLOIS PARFOIS CONTROVERSÉS
(p. 26-32)

1. Il était aberrant : absurde, inimaginable, stupéfiant, stupide.

2. Une certaine audience : succès, attention.
Une large audience : approbation.

3. Une authentique ferveur : vraie, sincère.
L'authenticité de sa piété : sincérité, pureté.

4. S'avèrent nécessaires : apparaissent, se montrent, se révèlent.

5. Des effets bénéfiques : bienfaisants, favorables, heureux.

6. Dans le cadre des mesures : au sein, en considération, eu égard aux.
Dans le cadre des économies : dans les limites.

7. La situation catastrophique : très alarmante, critique, désastreuse, très grave.

8. Le climat de la réunion : l'ambiance, l'atmosphère.

9. Je ne me sens nullement concerné : atteint par, touché par, visé par, ou : la polémique ... ne me concerne pas.

10. L'étudiant se trouve confronté : placé en face des, placé face aux, ou : doit affronter ...

11. Dans son contexte économique : dans son milieu économique, dans les circonstances économiques dont il dépend.

12. Il a perdu le contrôle : la maîtrise.
La flotte contrôle : a la maîtrise de.

13. Un problème crucial : capital, décisif, essentiel.

14. Les rapports se dégradent : s'enveniment, dégénèrent.
Les conditions de travail se sont détériorées : aggravées, ont dégénéré, empiré.

15. Le procédé se révéla efficient : efficace.
L'efficience de ces mesures : l'efficacité.

16. La municipalité persiste dans ses errements : ses maladresses, ses fâcheuses habitudes.

17. Un homme simple qui extériorisait : manifestait clairement.

18. Des projets farfelus : bizarres, extraordinaires, extravagants, invraisemblables, *mais la nuance sympathique s'efface*.

19. Les fracassantes déclarations : bruyantes, tapageuses, violentes, *mais ce sadjectifs sont moins forts*.

20. La visite de son homologue : collègue, confrère.
Ces emplois homologues : identiques.
21. L'impact de cette publicité : l'action, l'effet, la portée, *mais ces noms sont moins imagés.*
22. Des mutations impensables : inconcevables, inimaginables.
23. Des incidences sur les dépenses : des conséquences, des effets, des répercussions.
24. Dans les instances du parti : parmi les dirigeants, les responsables, dans les organismes d'autorité.
25. L'évolution est irréversible : on ne peut revenir en arrière dans l'évolution des mœurs.
26. Malgré qu'on soit : bien qu'on soit, quoiqu'on soit.
27. Cet écrivain n'avait laissé aucun message; *ici on est dans l'obligation de reprendre la définition :* apport personnel (ou vues originales).
28. Par contre les chambres étaient plutôt spacieuses : en revanche.
Par contre le second n'eut qu'un faible tirage : alors que, mais.
29. Elle manque de présence : d'autorité, de personnalité; elle ne s'impose pas au public.
30. De promouvoir la réforme : encourager, favoriser, imposer, instaurer, mettre en œuvre.
31. Une période de récession; *il faut recourir à la définition :* ralentissement de l'activité économique.
32. Reconsidérer sa politique financière : changer, modifier, réviser.
33. Cet art ne cessait de régresser : décliner, dégénérer, péricliter, perdre du terrain.
34. La représentativité de ces plénipotentiaires : la qualification.
35. Les acheteurs réticents : hésitants, réservés.
La moindre réticence : hésitation, réserve.
36. Le ministre a sanctionné cet abus : pénalisé, réprimé.
37. Sous le signe de l'austérité : dans un esprit, une préoccupation, un souci d'austérité.
38. Un match aussi spectaculaire : impressionnant.
Ces progrès spectaculaires : frappants, impressionnants, surprenants.

Pour mémoire :

1. Il s'affairait - 2. Son opinion est fondée - 3. pour, afin de, dans l'intention d'empêcher la fraude - 4. d'avoir atteint son but - 5. se propose, vise à un double but - 6. Un écrivain de grande valeur, de grand talent - 7. Je lui ai épargné toutes sortes de désagréments - 8. une nécessité, une obligation sociale - 9. mais, d'autre part, il doit veiller - 10. qui avait fait merveille dans d'autres cas - 11. et, au surplus, en outre, consterné - 12. un grand voyage, une grande randonnée en Asie - 13. dès sa mise en vente, sa publication - 14. il n'en a pas pour cela, cependant, néanmoins, toutefois - 15. des inconvénients qui peuvent - 16. capable de, qui peut.

MOTS FAMILIERS DÉCONSEILLÉS
DANS LA LANGUE ÉCRITE (p. 33)

1. Les voyageurs blessés dans l'accident, victimes de l'accident.
2. Le passant a été assailli, attaqué.
3. Il revint très abattu, atterré, consterné.
4. Nous avons réussi à entrer en relations avec, prendre contact avec.
5. J'étais bien décidé à m'opposer à, contrarier, contrecarrer.
6. Il nous rejoignit très détendu.
7. Elle était émue, bouleversée.
8. Toutes ces protestations nous laissent indifférents, ne nous touchent pas.
9. Le public fit une ovation au, acclama.
10. Il était stupéfié.
11. Restait à résoudre.

PROBLÈMES DE CONSTRUCTION (p. 34-35)

1. Il faut pallier la pénurie de main-d'œuvre (c).
Il anticipe ses versements (e).
Il anticipe sur les événements (d).
Ce procès ressortissait au tribunal de Douai (a).
Examinons ce qui ressortit à un autre domaine des connaissances (f).
L'avion percuta contre la montagne (b).

2. Il doit se présenter au prochain concours (d).
Il invectiva contre cet entrepreneur peu consciencieux (e).
Il vitupérait les mœurs du siècle (f).
Je ne peux satisfaire à cet engagement (a).
Je ne peux satisfaire sa curiosité (b).
Cet immeuble participe de la caserne et du château fort (c).

Exercez-vous au jeu
des synonymes et des contraires

VERBES PASSE-PARTOUT (p. 36-40)

Ex. 1
1. Couvrent, jonchent - 2. Pèse, plane - 3. Enrichissent, ornent - 4. Offrent, présentent - 5. Décèlent, dénotent, témoignent de - 6. Éclatent - 7. Alourdissent, chargent, nuisent à - 8. Règne.

Ex. 2
1. S'étend - 2. Se dresse, s'élève - 3. Apparaît, se décèle, se manifeste - 4. S'étalent, s'amoncellent - 5. Réside - 6. Croupit, séjourne, stagne - 7. Se rencontrent - 8. Se pressent - 9. Figurent.

Ex. 3
1. Compte - 2. Assumait - 3. Assumait, jouait - 4. Connaisse, bénéficie de - 5. Obtenait - 6. Entraîner - 7. Jouissait de - 8. Exerce - 9. Connu, obtenu, remporté - 10. Rencontré, se sont heurtés à - 11. Obtenu, reçu - 12. Portait - 13. Reçu - 14. Se procure.

Ex. 4
1. Confie, narre, raconte - 2. Expliquer - 3. Débiter - 4. Donnez - 5 Affirmait, assurait, prétendait, soutenait - 6. Apprendre, confier - 7. Avouer, convenir - 8. Indique - 9. Adresser, exprimer - 10. Confier, dévoiler, exposer.

Ex. 5
1. Déposa, posa - 2. Plongées, trempées - 3. Apporté, consacré - 4. Relégués - 5. Apportait, créait, semait - 6. Glissa, introduisit - 7. Consacré - 8. Inscrit, porté - 9. Disposa, plaça, posta - 10 Comptait, rangeait.

Ex. 6
1. Glissa - 2. Enfiler - 3. Enfonça - 4. Coiffa (l'auteur aurait pu employer *rabattit*).

Ex. 7
1. Consulter - 2. Distinguais - 3. Imagine - 4. Découvrent, trouvent - 5. Comprends, devine - 6. Considérer, étudier, examiner - 7. Fréquente - 8. Observe, produit, rencontre - 9. Apprécier, sentir - 10. Devine, sens - 11. Prédire, prévoir - 12. Décelé, observé, remarqué - 13. Visiter - 14. Parcouru, visité - 15. Rencontré.

Ex. 8
1. Dresser, établir une liste - 2. Accomplir, effectuer, parcourir un trajet - 3. Établir, rédiger un rapport - 4. Commettre une erreur - 5. Offrir, présenter des excuses - 6. Contracter des dettes - 7. Conclure un traité - 8. Causer, commettre des dégâts - 9. Exercer, pratiquer un métier - 10. Effectuer, se livrer à des recherches - 11. Adresser des reproches - 12. Composer un poème - 13. Effectuer, se livrer à, mener une enquête.

Ex. 9
1. Accomplir, effectuer - 2. Adressées, formulées - 3. Lié - 4. Effectuer, entreprendre, procéder à, réaliser - 5. Assure, établit - 6. Confectionnait - 7. Conçu, formé - 8. Se lança dans, prononça - 9. Pesait - 10. Mesurait - 11. Devenir - 12. Composent, constituent - 13. S'accommoder, s'accoutumer, s'habituer - 14. Dessinaient, formaient.

Ex. 10
1. Effrayer - 2. Feignit - 3. Retentit - 4. Éveiller, susciter - 5. Évoquer, rappeler - 6. Raviva, réveilla - 7. Manifester, montrer, témoigner - 8. Aliéné - 9. Répandit - 10. Convaincre de, persuader de - 11. Imposer - 12. Prolonger - 13. Expliquer, exposer, révéler - 14. Souligner - 15. Appartenait à - 16. Déjouer.

Ex. 1

1. Comporte, présente - 2. Persuadés - 3. Franchir, vaincre - 4. Affectées, consacrées - 5. Dotée - 6. Accorde - 7. Instaurer, nouer - 8. S'accroît, grossit, s'intensifie - 9. S'accordent, correspondent, se rencontrent.

Ex. 2

1. Gauches - 2. Indéniables, indiscutables, irréfutables, formelles - 3. Sceptiques - 4. Prompt, vif - 5. Scrupuleuse - 6. Décisives, essentielles, fondamentales, primordiales - 7. Désinvolte - 8. Contrit - 9. Approximative, sommaire, superficielle - 10. Irréprochable, parfaite - 11. Cassant - 12. Indemne - 13. Salubre - 14. Précis - 15. Correcte, décente - 16. Concluant, convaincant, décisif - 17. Présentes - 18. Respectives - 19. Indécis, irrésolu, perplexe.

Ex. 3

1. Relations - 2. Rythme - 3. Bornes - 4. Naturel, tempérament - 5. Qualité - 6. Causes, mobiles, motifs - 7. Sens - 8. Désagréments, mécomptes, soucis - 9. Cause, jeu - 10. A sa fantaisie, sa guise - 11. Indice - 12. Notoriété, renom, renommée, réputation - 13. Préjudice - 14. Emphase - 15. Informations - 16. A la confusion, au désarroi, aux troubles - 17. Activités, obligations.

Ex. 4

Convenir	1. Décident - 2. Avoue, reconnais.
Affecter	1. Feignait, simulait - 2. Nuire au, perturber, troubler - 3. Frappé, touché.
Déceler	1. Découvrait, distinguait - 2. Trahissait.
Concilier	1. Accorder - 2. Acquit, gagna.
S'amonceler	1. S'amassaient, s'entassaient, s'amassaient - 2. S'accumulaient.
Négliger	1. Dédaigné, ignoré - 2. Omis, oublié - 3. Se désintéresse de.
Assumer	1. Accepter, courir - 2. Assurer, remplir.
Déboucher	1. Sortit - 2. Donnait, s'ouvrait.
Partager	1. Distribuer, répartir - 2. M'associe à.
Ménager	1. Épargne - 2. Prépare, réserve.

Ex. 5

Permanent	1. Constants - 2. Constante, continuelle.
Faux	1. Feinte, simulée - 2. Illusoire - 3. Injustes, non fondés.
Absolu	1. Impérieuse - 2. Entière, totale - 3. Entier, exclusif.
Déterminé	1. Décidés, résolus - 2. Précise.
Délicat	1. Fins, raffinés, savoureux - 2. Fragile, précaire - 3. Difficile, épineuse.

---

1. Nous ne donnons que les synonymes les plus voisins.

Stérile	1. Improductives - 2. Inutiles, vains - 3. Inutile, oiseux, vain.
Curieux	1. Intéressé - 2. Étrange, bizarre, singulier - 3. Indiscret.
Difficile	1. Ardu, compliqué, épineux - 2. Malaisé, pénible - 3. Exigeante.
Terne	1. Inexpressif - 2. Monotone - 3. Effacé.

Ex. 6

Bienfaits	1. Avantages - 2. de sa générosité.
Caractère	1. Nature, naturel, tempérament - 2. Énergie, volonté - 3. De l'originalité, un certain cachet.
Circonstance	1. Détail - 2. Conditions, une conjoncture.
Impression	1. Sentiment - 2. Sensation.
Œuvre	1. Besogne, ouvrage, tâche, travail - 2. Entreprise, réalisation - 3. Production.
Ordre	1. Nature, genre, sorte - 2. Méthode - 3. Paix, tranquillité.
Liberté	1. Latitude - 2. Indépendance.
Issue	1. Sortie - 2. Solution - 3. Résultat - 4. Fin.
Intérêt	1. Avantage - 2. Attention - 3. Importance.

Ex. 7. Les verbes à conserver sont en face du chiffre.

1. Élucider.
Élucider : rendre clair. *Déchiffrer :* parvenir à comprendre un texte.

2. Bouchée, comblée.
3. Comblée.
Verbes synonymes au sens propre. *Comblée*, au sens figuré, peut seul convenir.

4. Cassée, rompue.
5. Cassé.
Verbes synonymes au sens propre. *Cassé*, au sens juridique, peut seul convenir.

6. Libéré.
7. Délivrés, libérés.
8. Délivré, libéré.
Libéré peut seul convenir s'il s'agit d'une personne emprisonnée par acte de justice. Les deux verbes sont synonymes dans les autres cas, au propre (7) comme au figuré (8).

9. S'adonnait, se consacrait.
10. S'adonnait.
Verbes synonymes au sens de : se livrer avec ardeur à une tâche. *S'adonner* convient seul s'il s'agit d'une habitude fâcheuse.

Ex. 8. Les adjectifs à conserver sont en face du chiffre.

1. Transparent.
2. Translucide.
Transparent : à travers lequel on peut voir. *Translucide :* qui laisse passer la lumière.

3. Passagère.
4. Temporaire.
Temporaire ne se dit que d'un pouvoir, d'un emploi.

5. Sanitaire.
6. Hygiénique.
Sanitaire : relatif à l'hygiène publique.

7. Précoce.
Précoce : qui vient très tôt. *Prématuré :* qui vient trop tôt.

8. Monacale.
9. Monastique.
Monacal (figuré) : qui rappelle la vie des moines. *Monastique :* qui concerne la vie même des moines.

Ex. 9. Les noms à conserver sont en face du chiffre.

1. Préjudice.
Préjudice : acte nuisible aux intérêts. *Dommage* aurait un sens matériel qui ne répond pas au contexte.

2. Sûreté.
3. Sécurité.
4. Sécurité, sûreté.
Sûreté (2) : qualité d'une chose sur laquelle on peut compter. *Sécurité* (3) : sentiment de ne courir aucun danger. *En sécurité, en sûreté :* dans cette locution les deux noms sont synonymes : situation où l'on ne court aucun danger.

5. Incinération.
Incinération : réduction volontaire en cendres. *Combustion :* action de brûler.

6. Impulsion.
Impulsion convient seul au sens figuré.

7. Primauté.
8. Priorité.
Primauté : supériorité, prééminence. *Priorité :* fait de précéder chronologiquement.

9. Désintéressement.
10. Désintérêt.
Désintéressement : détachement de tout intérêt personnel. *Désintérêt :* fait de ne porter aucun intérêt.

Ex. 1. L'ordre des définitions du verbe est entre parenthèses.

1. *(3 - 4 - 1 - 5 - 2)*
2. *(3 - 6 - 1 - 5 - 4 - 2)*
3. *(3 - 4 - 5 - 1 - 2 - 6)*
4. *(3 - 4 - 1 - 5 - 2 - 6)*
5. *(2 - 3 - 4 - 1)*
6. *(3 - 1 - 4 - 2)*
7. *(1 - 4 - 3 - 2)*
8. *(4 - 1 - 2 - 3)*
9. *(3 - 4 - 1 - 2)*
10. *(3 - 1 - 4 - 2)*
11. *(2 - 1 - 3 - 4)*

Ex. 2. L'ordre des définitions de l'adjectif est entre parenthèses.

1. *(3 - 1 - 2)*
2. *(3 - 1 - 4 - 2)*
3. *(2 - 1 - 4 - 3)*
4. *(2 - 3 - 4 - 1)*
5. *(2 - 1 - 3)*
6. *(4 - 1 - 2 - 3)*
7. *(2 - 3 - 1 - 4)*
8. *(4 - 2 - 3 - 1)*
9. *(4 - 1 - 5 - 2 - 3)*
10. *(1 - 4 - 2 - 3)*
11. *(3 - 4 - 2 - 1)*

Ex. 3. L'ordre des définitions du nom est entre parenthèses.

1. *(3 - 1 - 2 - 4)*
2. *(3 - 1 - 4 - 2)*
3. *(2 - 1 - 3 - 4 - 5)*
4. *.(3 - 1 - 2)*
5. *(4 - 3 - 2 - 1)*
6. *(4 - 3 - 1 - 2)*
7. *(3 - 2 - 1)*

Ex. 4
1. Exhortaient - 2. Dénoncé - 3. Dégénéra - 4. Prévenir - 5. Acquiesça - 6. Confessa (*syn. :* convint de) - 7. Restaurer - 8. Éluder - 9. Esquiver - 10. Consenties (*syn. :* concédées) - 11. Rétorqué - 12. Préconisait - 13. Affecte.

Ex. 5
1. Circonspect - 2. Contiguës - 3. Désœuvré - 4. Insolite - 5. Dérisoire - 6. Immémorial - 7. Inopportune - 8. Illusoire - 9. Insipide - 10. Impassible - 11. Infaillible - 12. Paradoxale - 13. Antagonistes.

Ex. 6
1. Patibulaire - 2. Aléatoires - 3. Rémunérateur - 4. Vulnérable - 5. Parcimonieuse - 6. Versatile - 7. Exotique - 8. Ostensible - 9. Judicieux - 10. Implacable.

Ex. 7
1. Bénévole - 2. Famélique - 3. Erronée - 4. Taciturne - 5. Rétif - 6. Vraisemblable.

Ex. 8
1. Prétextes - 2. Répercussions - 3. Compromis - 4. Déférence - 5. Allégations - 6. Digressions - 7. Propension - 8. Disparité - 9. Prédilection - 10. Péripéties - 11. Désarroi - 12. Interstice - 13. Dissensions - 14. Expectative.

SYNONYMES DE SENS PÉJORATIF (p. 58-60)

Ex. 1
1. Affublé - 2. Condescendre - 3. Suspecter - 4. Extorquer - 5. Affecter - 6. Préméditer.

Ex. 2
1. Fomenter - 2. Usurper - 3. Quémander - 4. Spolier - 5. Ratiociner - 6. Pérorer - 7. Aduler.

Ex. 3
1. Exiguë - 2. Étriqué - 3. Étique - 4. Hâtif - 5. Obséquieux - 6. Simpliste - 7. Imbu - 8. Vétilleuse.

Ex. 4
1. Élimés - 2. Besogneux - 3. Pudibond - 4. Douceâtre - 5. Pervers - 6. Sectaire - 7. Alambiquées - 8. Aventureux.

Ex. 5
1. Cohue - 2. Masures - 3. Duplicité - 4. Factions - 5. Sarcasmes - 6. Velléités - 7. Arguties - 8. Racontars - 9. Utopie - 10. Intrusion - 11. Sensiblerie.

SYNONYMES ET DEGRÉ (p. 61-62)

Ex. 1
1. Perturbe - 2. Expulser - 3. Exécrait - 4. Écartelé - 5. S'illuminer - 6. Exaspérer - 7. Vénérer - 8. (Le) rebuter - 9. Affligés - 10. Stupéfia - 11. Captiver, passionner - 12. Revendiquaient - 13. Dilapida - 14. Stigmatisé.

Ex. 2
1. Hermétique - 2. Véhéments - 3. Glacial - 4. Démesurés - 5. Enthousiaste - 6. Coriace - 7. Cassant - 8. Intense, violente - 9. Imminent - 10. Draconien - 11. Grossier - 12. Grave - 13. Inébranlable - 14. Subtile - 15. Florissant - 16. Anxieux - 17. Inique - 18. Hétéroclite - 19. Pathétique - 20. Ardue - 21. Néfaste - 22. Hideux - 23. Copieux, plantureux - 24. Ultime.

Ex. 3
1. Gratitude - 2. Abnégation - 3. Incurie - 4. Apathie - 5. Convoitise - 6. Mansuétude - 7. Désastre - 8. Angoisse - 9. Mépris - 10. Génie.

SYNONYMES ET NIVEAUX DE LANGUE (p. 63-65)

Ex. 1
1. Extraordinaire - 2. S'étant ressaisie - 3. La faconde (loquacité) de ce camelot malin (rusé) - 4. Procédé pour frapper - 5. Avec humeur - 6. Laisser passer, manquer - admirateurs - 7. Erreurs, maladresses.

Ex. 2
1. Croissaient - 2. Égaré - 3. Tenté - 4. Se dispenser - 5. Poursuivit - 6. Recouvré - 7. Hâtait - 8. Il est allé - 9. Œuvré - 10. Dispensaient - 11. Convertie - 12. Présager.

Ex. 3
1. S'accoutumèrent, s'accommodèrent - 2. S'apaiser - 3. Consentis - 4. N'exclut - 5. Assigne - 6. Encourir · 7. Accède - 8. Contestent - 9. Incitent - 10. Contraint - 11. Compromis - 12. Inhumé.

Ex. 4
1. Initial - 2. Hostile - 3. Propice - 4. Fortuite - 5. Rémunéré - 6. Prééminente - 7. Ascendante - 8. Issue - 9. Imputables - 10. Pécuniaires - 11. Tributaires - 12. Aisé - 13. Exhaustive - 14. Onéreux - 15. Immodéré.

Ex. 5
1. Éventualité - 2. Devanciers - 3. Hypothèse - 4. Négoce - 5 Notions - 6. Fébrilité - 7. Pléthore - 8. Penchant - 9. Comportement - 10. Mécomptes - 11. Médiateur - 12. Occurrence.

CONTRAIRES (p. 66-67)

Ex. 1
1. Infirmé, démenti - 2. Persuader - 3. Desservent - 4. Éluder - 5. Rejeta, réfuta, repoussa - 6. S'aliéner - 7. Dénoncer - 8. Rejetèrent, repoussèrent - 9. Proscrit - 10. Exclure - 11. Désapprouvé, combattu - 12. Régresser - 13. Minimiser - 14. Improvisée - 15. Échoué - 16. Méconnu.

Ex. 2
1. Réglementé, surveillé - 2. Inoffensives - 3. Explicite - 4. Malveillante, hostile - 5. Pessimiste - 6. Prodigue - 7. Urbaine - 8. Chagrin - 9. Claire, nette - 10. Postérieurs - 11. Calme, pondéré, réfléchi - 12. Abondant, copieux - 13. Complexe - 14. Fuyant, souple - 15. Oisive - 16. Pacifiques - 17. Intéressée - 18. Aisé - 19. Partielle - 20. Blâmable - 21. Ingrat - 22. Déficitaire.

Ex. 3
1. Pléthore, surabondance - 2. Divergences - 3. Désaccord, discorde, mésentente - 4. Attention, intérêt - 5. Mesquinerie - 6. Prolixité - 7. Marasme - 8. Générosité, largesse - 9. Prodigalité - 10. Régression - 11. Altruisme - 12. Crépuscule, déclin - 13. Étroitesse - 14. Originalité - 15. Proximité - 16. Dissymétrie - 17. Débiteur - 18. Synthèse - 19. Fiction - 20. Archaïsmes.

Imprimé en France par l'Imprimerie Hérissey à Évreux (Eure)
N° d'édition : 9005 — N° d'impression : 59239 Dépôt légal : Octobre 1992